怪獸訓練 肌力及體能 訓練手冊

何立安——著
吳肇薰——攝影

MONSTER

Strength and Conditioning Training Manual

目錄 CONTENTS

PART 3

基本槓鈴肌力訓練技術

CHAPTER 5—

PART 4 爆發力訓練

CHAPTER 6—

PART 5

核心補強動作與能量系統訓練

總導讀

這本書從開始撰寫的時候，就知道是一本「永遠寫不完的書」，因為肌力及體能訓練涉及的範圍如此廣大，單單一本書籍無法涵蓋其全貌。身為肌力及體能教練，在教學現場使用的技術種類繁多，就好像水電師傅的工具箱，裡面擺滿了各種各樣的工具，所有工具都有專門的功用，沒有一種工具的重要性絕對大於另外一種，也沒有一種工具完全不會派上用場，所有的工具用對了地方就是有用，用錯了地方就是無用，而這正是肌力及體能訓練技術的特性。要對如此龐雜的領域做出系統性的敘述，唯一的辦法是提綱挈領，所以本書最主要的目的，充其量不過是對主要訓練方法做最精簡的描述。

比較重要的議題是，我們到底為什麼還需要一本肌力訓練書籍？我想這可能要從我的成長和學習歷程講起。我從小就生活在高壓的升學體系裡，從小學的資優班、國中的實驗班、第一志願的台中一中，最後從台大政治系畢業，但這個典型的填鴨教育歷程只是我童年生活的一半，我另一半的世界，就是競技運動。我是一個熱愛運動的孩子，在教室裡其實不太坐得住，小時候抱著玩樂的心情接觸了游泳、田徑和跆拳道，後來因為特別喜歡打架，所以從跆拳道一路發展下去，中間歷經了國術擂台賽、武術散打、自由搏擊和巴西柔術，從十歲到三十多歲這二十幾年間，總是在當某種打架項目的選手。

選手生涯裡我一直關注的一個議題，就是如何提升身體素質。書呆子的個性讓我試著從書本裡面尋找答案，只不過在缺乏科學訓練的情況下，容易傾向從自己手邊易得的資訊著手，所以，就像當年許多美國體能教練一樣，英文的武術和健美雜誌成了我最初的自學教材。這個時期並沒有持續太久，隨著我在雜誌上看到越來越多的「科學研究指出」、「根據運動生理學的發現」等字樣，我才開始理解到，原來運動訓練的背後其實存在著所謂的運動科學。現在回想起來，當年的我跟大多數一般民眾一樣，即使已經在大學讀書，對於運動科學也未必具備基本常識。隨著我對運動科學的好奇心日益增長，想要轉讀體育的動機越來越強烈。

大學畢業，分發到步兵單位受訓，接著擔任排長，當兵這段期間度過了許多無聊的漫漫長夜，讓一個從小在填鴨教育長大的迷惘大學畢業生，終於有機會放慢腳步思考一下未來的人生。當時順著自己對運動科學的興趣，利用休假時間考取了文化大學運動教練研究所，從此全力展開了學習運動科學的旅程。

學校最重要的價值不是學歷，而是資源，更具體來說是師資和文獻，讀研究所時我充分體認到這一點。我遇到一位令我受益良多的老師，就是曾任文化大學體育系主任、研究所所長和體育館館長的江界山教授。江教授的研究領域正是肌力及體能訓練，在當時對我來說是一個全新的領域，他發現我的求知若渴，於是提供了我許多珍貴的書籍回家閱讀，從那時候我才知道，原來肌力及體能訓練有如此深厚的科學背景在背後支撐，健美雜誌呈現了肌力及體能訓練最時尚的一面，學術文獻則呈現了肌力及體能訓練最迷人最深奧的科學機制。循著這條軌跡走下去，我最後到了美國麻州的春田學院，修得我的第二個碩士：肌力及體能訓練，以及我的體育博士學位。

我從江教授身上學到許多事，不過其中最令我感到驚訝的一件事情，是原來美國肌力及體能訓練從土法煉鋼到逐漸科學化的過程，其實也不過就是1970年代開始發生的事。當時台灣其實有許多留學生在美國，都是以肌力及體能訓練、運動訓練法或是運動生理學爲主修領域，換言之，在「美式訓練」的萌芽階段，其實台灣的年輕學者早就已經參與其中。我遇到江教授的時候已經是2004年，也就是說，三十年過去了，美式訓練取得了長足的進步，但台灣卻在這個領域沒有太多進展，而在本書完成的今日，已經過了五十年。

這當然不是因爲台灣的學者不努力，事實上如果我們檢索台灣高等教育機構出版的期刊論文，會發現其實台灣的學術圈在過去幾十年來的研究成果頗爲豐富，許多教授在國際主流期刊上都發表過文章，體育科系也通常都有運動訓練法或重量訓練之類的相關課程，所以這數十年來，台灣在肌力及體能訓練的研究領域並未缺席。這當然也不是台灣的基層教練不努力，過去在各種制度的驅策下，基層教練交出漂亮成績的壓力其實也不小，有任何可以幫助提昇表現的手段，應該都沒有不嘗試的道理。肌力及體能訓練的知識和技術，在台灣會過了如此長的時間而仍不普及，其中一個可能的因素，是學術與實務圈的壁壘。

運動的學術圈與實務圈看似有著共同的目標，實則有著南轅北轍的價值觀。學術圈認爲實務圈的專業人員缺乏科學訓練背景，以至於無法用科學的語言溝通，實務圈認爲學術圈的人長期在象牙塔裡，做著有環境控制的實驗，對於訓練這種一半科學一半藝術的東西所知甚少，而這種對立的現象持續了數十年之久，以至於雙方都錯過了嘗試科學化訓練的機會。

要知道，科學化訓練也不是萬能，象牙塔裡做出的實驗數據，用意是在輔助實際訓練時的決策，已知的證據讓人可以避免簡單錯誤，但是實際的進展仍然需要實務經驗的累積，而累積的方式往往必須經歷嘗試錯誤的過程。不過，缺少驗證機制的訓練方式，讓嘗試錯誤的過程失去檢討的機會，因此無論錯的或對的都被一再複製，變成傳統信仰代代相傳，傳承經驗的過程也傳承了錯誤，讓科學化的難度越來越高。

要打破現況，需要的不是更多研究，也不是更多金牌，實務工作者需要的是開始累積有意義的進步。要知道科學化訓練是一個長期進展的領域，不是一張已經有標準答案的考卷，要想讓肌力及體能訓練「活」起來，就必須在眞實訓練裡做有系統的測試和監控，記錄每一個值得注意的細節，在感覺困惑時參酌科學研究的發現，同時在使用科學數據時，清楚知道學術文獻的局限在哪裡。研究人員也應該清楚知道肌力訓練在實務上的特性，這樣才能夠找出值得研究的議題。

肌力及體能訓練是一門技藝，技藝不能只傳承在紙本上，也不能只傳承在想像中，必須傳承在人的身上。學術圈產出文獻的目的其實是爲了解決實務上的問題，缺乏實際應用的經驗會讓學術研究逐漸脫離現實，甚至開始空轉。許多研究縱然與醫療、公衛或心理跨界合作，但對於運動訓練內容本身的著墨卻越來越少，甚至開始採取一些無關訓練內容的操作型定義，例如將運動定量爲一週幾次，每次幾分鐘，激烈、中等或輕鬆等，讓運動訓練本身在研究文獻裡失去內容。但要知道的是，如果運動訓練想要進一步走向科學化，勢必需要對於訓練方式的「劑量反應關係」進行更精細的研究，偏偏在缺乏夠深入的實務經驗狀態下，許多實務上的問題都還沒有受到研究領域重視。

另一方面，運動訓練的實務圈雖然致力於爭取成績，但是在遵循傳統的風氣下，許多科學知識都無法被廣泛採用，這裡所謂的科學知識，指的並不是充滿專有名詞的尖端科技，而是連簡單的基本常識都可能充滿誤解。訓練上，把肌耐力訓練當成肌力訓練、把疲勞度當成訓練強度、重視訓練不重視恢復，或是誤將痛苦視爲訓練效果等錯誤，至今仍然處處可見。這樣的現象使得許多有天份的選手沒有得到最好的訓練，更讓許多選手在尙未達到巓峰表現就因爲受傷而黯然退場。影響成敗的因素非常多，肌力及體能訓練只是其一，而在一個成敗論英雄的世界裡，與成績關聯性不夠直接或不夠明顯的因素都很難得到重視，因此肌力及體能這項技藝在競技運動圈始終沒有發光發熱。

健身產業的興起，可能是肌力及體能訓練技術普及的另一個契機，畢竟在沒有競賽壓力的情況下，把人體變強壯這件事應該變得單純許多。在競技運動的圈子裡，運動員可能做對了所有的準備，鍛鍊出身體的最佳狀態，但是仍然因爲運動場上隨機發生的事件而影響比賽成績，不過開宗明義以強健身體爲目標的健身產業，理論上應該比較能夠讓肌力及體能訓練的價值得到彰顯，尤其在飛速邁向超高齡社會的台灣，肌力訓練理當成爲預防醫學的重要手段。沒想到實際上，健身產業裡的亂象只有更多沒有更少，在市場考量下，許多業者拋棄了（或是從來沒找到過）讓身體變強壯的核心技術，轉而將健身行爲朝向獲利更快的時尚潮流操作，讓健身像服飾或髮型一樣，成爲一種時尚流行，至於內容是什麼反而不太重要了。身體形象產業的操作幾乎要將「強壯」這件事反過來操作，當瘦削的身材和線條成爲主流時，肌肉生長帶來的體重上升像是瘟疫一樣令人避之唯恐不及，一群已經肌力不足的人努力地做著會讓他們更弱的運動，且由於商業利益太過誘人，造成大量沒有訓練背景的人士見獵心喜，紛紛自封爲運動專家，傳遞無效甚至荒謬的運動方式，一時之間百花齊放，使得有效訓練的能見度更低了。

正確的肌力及體能訓練依循著淸楚的原則和操作方式，過去半世紀體育先進的國家已經經歷過了這個嘗試錯誤的過程，對於許多知識和技術，在實務上都已經有了夠多的共識。這當然不表示肌力訓練領域的爭議已經停歇，但是，許多爭議是建立在已經存在的共識之上，例如「單邊訓練」比較好還是「雙邊訓練」比較好，這樣的爭論其實基本上已經同意了「人需要漸進式超負荷的壓力刺激」的大前提，然後才需要去爭論用怎樣的動作去進行超負荷。但是，知識的存在並不表示社會已經享受到進步，歷史上人類用已知錯誤的方式解決問題，導致遭遇困境卻又困惑不已的事情屢見不鮮，唯有在現實生活中大量應用科學知識，努力走過嘗試錯誤的階段，才能夠跨越理論與現實的隔閡，走向藝術等級的層次。台灣現在的契機，就是可以藉著體育先進國家已經取得的共識和基礎，開始進行有效的訓練，並且在訓練中持續對人體的肌力及體能適應，做有意義的觀察和邏輯性的思辨，如此才能追上過去錯過的五十年進步，甚至發掘更先進的技術系統。

一本書，本來就不可能盡述五十年的訓練科學發展，但是期待本書能作爲一本簡單的入門書籍，描述許多已經具有實證效果的訓練方式，讓肌力及體能教練、運動教練、體育老師、運動科學研究人員以及任何想要透過訓練變強的人，可以站在巨人的肩膀上前進，用務實的精神接續著前人的成果，繼續發展這項可以造福無數人的技藝。

PART 1

肌力及體能的典範轉移

CHAPTER 1

肌力及體能訓練的出現與脈絡，最大肌力，以及各種訓練概念

近代肌力及體能訓練的出現

肌力訓練的概念並不是一開始就如同今天的樣貌，在正確的肌力訓練成爲競技運動員的輔助訓練之前，許多人相信，各種專項運動訓練本身，就是把運動員變強壯的最佳手段，換言之，許多人認爲打球的運動員要變得身強體壯，就必須大量打球；短跑選手要變強，就必須要一直練跑；游泳選手變強壯的最佳途徑就是一直游泳。這樣的觀點通常是將「技術學習」和「肌力體能」混爲一談，我們看到運動員從訓練初期到訓練成熟階段，看似力量變大，體力變好，但這些表現背後其實包含了技術進步所帶來的動作經濟性，肌力和體能很可能在初期進步之後就已經停滯。但是這樣的現象不容易被發現，因爲競技運動往往以運動表現爲判斷一切是非對錯的最終依歸，因此運動表現好的往往被認爲什麼都好，場上分數高的就被認爲什麼都高。

這種以結果證明手段的方式，忽略了肌力體能的獨特性，直到一些偶然的事件發生時，大家才開始懷疑，肌力及體能訓練很可能是獨立於技術訓練之外的一個領域。其中到底發生了什麼事現在已經很難考究，不過從肌力及體能訓練圈裡相傳的一些軼事可以看出端倪。一種說法是，在四季分明的高緯度國家，冬天因爲天寒地凍，室外的運動場地都無法使用，只好讓運動員在室內藉由跳箱和槓鈴等器材鍛鍊身體，直到春暖花開時再回歸室外運動訓練，這種週期性交替做肌力訓練和技術訓練的方式，居然製造出肌力體能強大的運動員，顯示運動場外的訓練可以大幅提升運動場內的表現。另一種說法，是受傷的運動員在傷癒之前無法從事運動訓練，但是養傷的同時爲了復健或是無聊，開始從事一些重量訓練，結果傷癒之後回到運動場時，居然因爲額外的重量訓練而變得強而有力，狀態更勝受傷之前。

這些事件激起了運動教練的好奇心，開始研究起肌力及體能訓練的相關議題，時光快轉，數十年來的經驗累積和科學探索，如今肌力及體能訓練已經達到成熟應用階段。雖然仍有許多未知有待探索，但是大量已知的知識和技術，已經足以構成功效卓著的訓練系統，而這也就是今日體育先進國家中肌力及體能訓練的樣貌。

肌力及體能金字塔

既然我們將肌力及體能訓練稱之爲系統，就應該試著理解系統的樣貌，讓我們用圖示的方式解釋肌力及體能訓練與運動表現的關係：

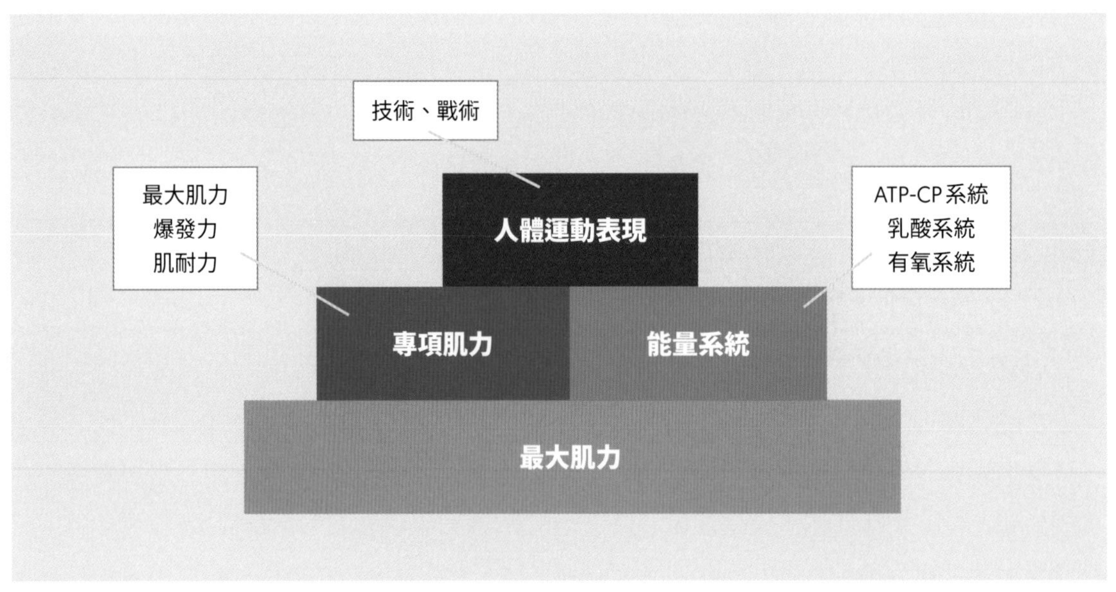

如果我們將運動表現和肌力及體能訓練的關係畫成一張圖，把最終的「人體運動表現」放在最上方，這可以是競技運動員在運動場上的表現，也可以是軍警消從事需要體力的任務，也可以是一般人在日常生活中做需要體力負荷的事情，如遊山玩水或是奔跑趕路。

支撐這些人體運動表現的能力，是這些表現直接需要的肌力型態或是能量系統類型，舉例來說，假設今天探討的人體運動表現是短距離衝刺，則其背後所需的肌力型態應該會是爆發力。在能量系統方面，支撐高強度短時間運動最主要的能量系統，是磷化物系統。如果今天探討的運動項目是角力，則支撐角力表現所需的，可能包含了最大肌力、爆發力和肌耐力，而能量系統可能涵蓋了磷化物系統、乳酸系統和有氧系統。依照不同類型的選手和戰術偏好，肌力和體能的需求可能略有差異，但至少大方向是這樣。如果今天探討的項目是長跑，則所需要的主要肌力型態應該會是肌耐力，而有氧能量系統和一些無氧能量系統，應該會是支撐比賽所需的體能類型。

寫到這裡，或許你會認爲金字塔已經完備，畢竟如果一個項目需要的是速度和爆發力，同時主要依賴磷化物系統，是不是我們在爲這種運動員做肌力訓練的時候，就直接從這些已經列出來的「專項肌力體能」開始訓練即可？答案其實沒有這麼簡單。過去人們並不是沒有這樣嘗試過，但是只要開始訓練一段時間就會發現，大多數的專項肌力都可以很快進步，但是也都會很快停滯，而在訓練初期直接進行能量系統訓練，除了進步有可能很快就停滯之外，通常還伴隨著大量的受傷風險，這讓肌力及體能教練和運動教練陷入了困擾，直到人們發現一件事：無可取代的最大肌力。

無可取代的最大肌力

最大肌力的改變，是一種脫胎換骨的改變

如果我們從功能的角度來看最大肌力、爆發力和肌耐力，看起來會像是三種不同的肌力表現，各自適合不同的運動項目，也因此，我們可能會單純的以爲需要最大肌力的人就去練最大肌力，需要爆發力的人就去練爆發力，而需要肌耐力的人當然就去練肌耐力。這個推論再簡單不過，簡直無可挑剔，直到我們眞的去做，才會發現問題，而這個問題就是：爆發力和肌耐力雖然可以透過訓練獲得初步的提升，但是過沒多久就會停滯不前，甚至有可能陷入一個窘境，就是一旦停練可能就會開始退步，持續訓練卻又會導致過度訓練。這樣的狀況導致重量訓練像是一個只有短期效果的運動方式，而不是一個可以徹頭徹尾改變身體素質的訓練。但是最大肌力則不同，最大肌力除了在訓練初期會有大幅度的進步（一般稱之爲初學者蜜月期）之外，之後還是會緩慢進步達數年以上，而在這個過程當中，肌肉量、骨密度和神經系統的功能也會隨之產生階段性的提高，換言之，最大肌力的改變，是一種脫胎換骨的改變。

除此之外，最大肌力還可以推升爆發力和肌耐力。這背後主要的機制來自於一種稱爲「儲備力量」的觀念，所謂的儲備力量，指的是一個人的最大肌力與任務所需肌力之間的差異量，用一個簡單的例子來說明，假設某個任務需要的力量，相當於背蹲舉100公斤，此時如果一位運動員的背蹲舉剛好是100公斤，則這位運動員並沒有辦法在這項任務產生爆發力或肌耐力，因爲他的能力僅僅剛好夠用而已。但如果透過一段時間的肌力訓練，這位運動員的背蹲舉從100公斤提升到150公斤，則在面對同樣的任務時，他已經開始有能力加速度，同時也可以提高反覆次數，換言之，光是最大肌力提升，還沒有特別進行爆發力和肌耐力訓練之前，就因爲這個任務變得簡單，所以可以有餘裕來提高表現。如果再經過一段時間，運動員的背蹲舉最大肌力達到200公斤時，這個需要100公斤的動作已經只佔人體能力的一半，無論是要加速或是要高反覆，都已經變得相當容易。

儲備力量的觀念是非常重要的，因爲它直接解釋了爲什麼許多在運動場上不需要用到最大肌力的項目，體能教練仍然要求運動員先做一陣子最大肌力訓練（不過要注意的是，儲備力量的應用並不是無止境的，最大肌力的進步遲早還是會跟爆發力和肌耐力脫鉤，此時就需要增加以爆發力和肌耐力爲目的的訓練）。

跟耐力表現相關的另一個議題，也間接與最大肌力有關。耐力運動項目除了是心肺功能的競賽之外，要在長時間的運動中保存體力，一個非常重要的因素是「動作經濟性」，以長跑爲例，心肺功能固然是重要的關鍵因素，但最終還是雙腳在地上跑，而每一步所花的能量看似不多，累積千萬步之後就會產生顯著的差異，因此，如何在每一步儘量節省體力，對於最終的跑步速度有很大的影響，這就是跑步經濟性的議題。提升跑步經濟性的有效方法之一，是讓肌肉具有高度的反彈能力，讓每一步踏出去的時候，身體重心可以儘量減少多餘的波動，這可以透過提高下肢「剛性」（stiffness，又稱爲勁度）來達成，而提升剛性的方法之一，就是透過最大肌力訓練和爆發力訓練，讓肌肉有能力抵抗潰縮，如此一來就可以節省每一步所花費的體力。因此，雖然長距離耐力項目當中沒有任何一個階段眞的需要最大肌力和單次的最大爆發力，但選手仍然可以從最大肌力和爆發力訓練中得到巨大的幫助。

最大肌力，有助於預防運動傷害

最大肌力的另一層意義，是運動傷害防護，這是比較難被注意到的一件事，因爲運動傷害議題通常都是在發生的時候才會被注意到，不發生的時候大家比較容易忘記這件事，但其實最大肌力訓練的一個重要功效，是提高運動員預防運動傷害的能力。最大肌力爲何有助於預防運動傷害呢？因爲關節周邊的肌肉，除了負責拉動關節、做出動作之外，同時也負責「確保關節在合理的範圍內移動」。當運動場上發生姿勢失衡、摔倒、衝撞、拉扯時，確保關節不被移動到有害位置的，其實是關節周邊肌肉的肌力，如果肌肉力量夠強，可以在意外發生的時候「拉」住關節，避免關節錯位或損傷。雖然運動傷害的原因很多，也不是所有傷害都可以避免，但是最大肌力等於是在所有的關節前方設下安全屏障，讓運動員在競技的時候多了一層保障。

運動傷害防護的功能在能量系統訓練時也非常重要，能量系統訓練在傳統上就一直有著刻苦耐勞的文化特性，許多教練在不明白能量系統機制的情況下，就用各種累人的方法「操體能」，這種刻苦的訓練方式或許有其階段性的意義，但是一味的大量採用往往就變成一種懲罰式的訓練。尤其許多簡單的跑跳動作就可以把人弄得很累，所以許多教練誤以爲體能訓練的門檻比較低，可以在初學時期操作。其中一個常見的現象，就是運動員在沒有任何肌力訓練基礎的情況下，就接受大量體能的操練，結果就是在效果發生之前，先發生滿身的運動傷害。先建立基礎的最大肌力，可以讓運動員有能力接受高耗損的能量系統訓練。

最大肌力有「保值」的特性

除了以上各種功用之外，最大肌力本身還具有一個特性，就是有很高的「保留效果」，所謂的保留效果，指的是當人因爲某種原因停練一段時間之後，人體運動能力難免下降，而這個下降的程度大小，以及可恢復的難易程度，就是這個能力的保留效果。長期訓練過的最大肌力，一旦經歷一段時間的停練，雖然會有顯著的退步，但是並不會退回未訓練的狀態，且在恢復訓練之後，短時間內會回到高水準附近。不過，這樣的保留效果需要有幾個條件才能達到，首先是初期的訓練水準要夠高，如果初期的訓練就僅是一日打魚三日曬網式的隨性練習，肌力也未曾顯著提高，則也就無所謂保留效果了。其次是停練時期仍需保持相當的身體狀態，如果停練的同時經歷大量的肌肉流失，當然也會讓保留效果減低。不過無論如何，肌力是可以再次訓練的，而且再次訓練所需的時間將會比初次訓練要短得多，因此我們可以說，若要以投資商品的角度來看運動訓練這件事，最大肌力會是一個相當保值的商品，也因爲這種保值的效果，讓最大肌力訓練成爲抗老化訓練中不可或缺的一環。

有鑒於以上幾點，最大肌力其實就是前述那個金字塔的最底端，是支撐一切的基礎，金字塔的底面積越大，將來可以堆疊的高度就越高，金字塔整體也就越穩固。所以最大肌力其實是所有運動表現的基礎中的基礎，就因爲最大肌力有這樣的獨特性，所以我們才會經常提醒，所有人都應該要注意這個「無可取代的最大肌力。」

健美，健力，舉重與肌力及體能訓練

知道了各種肌力的重要性，接下來將探討我們該用怎樣的方式進行肌力訓練。肌力訓練是一個比較晚近的領域，要了解這樣一個新的領域，除了費盡千辛萬苦來說明它是什麼，也可以從它「不是」什麼來談談。早在「用肌力及體能訓練提升競技運動表現」這個概念出現之前，各種形式的重量訓練就已經出現在人類社會裡，撇開遠古時代的各種身體訓練方式不談，肌力及體能訓練領域在建構的過程中，其實從健美、健力和舉重運動「借用」了許多動作和概念，因此近代的肌力及體能訓練可以說是一個求同存異、去蕪存菁的過程，有許多觀念承襲自這些相關領域，但有些觀念卻又大不相同，探討肌力及體能訓練領域與這些相關領域的關係，有助於我們更加理解肌力及體能訓練的本質。

前面提到過，肌力及體能訓練領域來自於競技運動中提升運動表現的需求，最初人們試著透過重量訓練提高運動表現時，其實也僅僅是有個模糊的概念而已，在發展到今日之前，前人們做過大量的嘗試，這些嘗試有些成功有些失敗，但無論失敗或成功，都是今日肌力及體能訓練發展重要的基石。以下分別就健美、健力和舉重等領域，探討這些項目在肌力及體能訓練當中的效益及限制。

健美、健力和舉重等領域的發展、效益及限制

健美大概是最早在北美大陸建立時尚潮流的重量訓練項目，早期許多運動員在試著藉由重量訓練提升表現的過程中，都嘗試過健美雜誌上的各種動作，事實上在網路時代來臨之前，許多早期的體能教練在摸索自學的過程當中，都曾經把健美雜誌當作自修教材，用於自身或學員的訓練課表。健美雖然門派眾多，在乎的美感和形態各不相同，但是共通點在於，健美式訓練主要的專業都是在幫助人增長肌肉，而增長肌肉的各種手段中，又以負重訓練最

爲有效，隨著時間的進展，哪一個動作最適合刺激哪個肌群的知識逐漸被建構出來，多種動作對肌肉刺激效果的各個細微差異也逐漸被發現，如今的健美式訓練幾乎可以說是一個動作與肌群刺激效果的百科全書，怎樣的訓練最適合刺激股四頭肌，怎樣的訓練最適合刺激腿後肌，怎樣的動作適合激發二頭肌的生長，怎樣的動作可以練出粗壯的三頭肌，連同屬於小腿肌群的腓腸肌和比目魚肌，都因爲其各自的關節連接點而有不同的訓練。

時至今日，健美訓練已經是一個包羅萬象的訓練，幾乎沒有任何動作不曾被健美選手使用過，器械式訓練、自由重量訓練、大力士訓練、非傳統訓練等技術都已經在健美圈廣泛採用，所有健美愛好者都在採取任何他們覺得有效的方式以達到健美的目的，換言之，「健美」是目的，而非技術，因此要以健美兩個字來代表某種訓練模式其實是不妥的，我們有必要再去細分一下裡面的技術，以利於後續的討論。在諸多的訓練技巧中，「分肌群訓練」是其重要特色之一，也是過去曾經在肌力訓練圈裡被廣泛採用的方式，以下將討論的重點，集中在「分肌群訓練」的優點和局限。

這種以肌群刺激爲主要技術系統的訓練方式，在早期製造出大量的強壯運動員，畢竟對於未經重量訓練的運動員來說，單靠競技運動的訓練，對肌力的刺激很難達到重量訓練的水準，而且健美式訓練讓運動員的體型在短短幾個世代交替後，變得龐大許多，比較不同年代的美式足球選手便可以輕易發現這個差異。

分肌群訓練取得了初期的功效之後，隨卽也出現了一些限制，經驗上發現，用分肌群的方式訓練的運動員，或許可以勝過條件相似但完全不做重量訓練的對手，但是在這些初步效果之後，更多的分肌群訓練似乎已無法帶來更多的效果，主要原因來自於，人體肢體動作所發揮的力量，並不是所有肌群力量的總和，而是參與動作的肌群整體協調的結果，這樣的協調能力我們稱之爲「肌群間的協調性」，肌群間的協調性需要所有參與動作的肌群像是交響樂團一樣的合作，而不是各自爲政拚命用力。分肌群訓練的過程中將各個肌群獨立出來訓練，雖然可以確保每一個肌群都充分得到刺激，但是刻意阻斷其他肌群參與的訓練方式，剛好也阻斷了肌群間的協調性，換言之，從這個角度來看，這種的優點反而變成了缺點。

由以上得知，想要讓人在產生動作時有力量，而不僅僅是個別肌群有力量，我們需要刻意整合多個肌群的訓練動作，畢竟競技運動和日常生活中鮮少有動作只需要單一或少數肌群就能完成，事實上，人體運動時絕大多數的動作都是大肌群多關節一起參與的。在一個「完整」的人體動作中，肌肉不是扮演著製造動作的角色，就是扮演著拮抗或穩定的角色，鮮少有肌群可以在人體運動中置身事外，因此我們需要尋找有負重潛力的大肌群多關節動作。

健力式的訓練正好符合這樣的需求，健力的三項比賽動作「臥舉、蹲舉、硬舉」，正好都是大肌群多關節的全身性動作，更重要的是，健力是一個「最大肌力項目」，而不僅僅是集中在肌肉量和線條。許多未曾接觸健力的人或許以爲，臥舉只需要手臂或胸肌，蹲舉只需要腿力，硬舉則是下背和臀腿，事實上這三項都是全身性的動作，只是分屬於不同動作型態而已。熟悉健力技巧的人都知道，臥舉如果腳步沒站穩，就會顯著影響手臂的推力；蹲舉如果沒有鞏固上半身，下肢的力量就會受限；硬舉更是從抓握到鞏固軀幹，從伸髖到伸膝一氣呵成的全身動作。這種大量整合全身肌群參與對抗外力的方式，大幅度地提升了肌群間的協調性。其他未列入健力三項的動作如肩推、屈體划船、分腿蹲等，也都因爲符合了大肌群多關節大重量訓練特性，同樣具有提升肌群間協調性的功效。

大重量訓練的效益

除了肌群間的協調性之外，巨大的重量刺激也激發了身體同時徵召更多運動單位（motor unit）的能力，所謂的運動單位，指的是一條神經和其所支配的肌纖維，而運動單位又分爲小運動單位和大運動單位，小的運動單位專門負責提供小的力量，大的運動單位專門負責提供大的力量，而人體是一個先天具有節能設計的機器，當對抗的阻力很小的時候，小的運動單位就足以應付，無需勞動大的運動單位，但這也表示低阻力輕負荷的訓練方式，無助於激發大的運動單位出來工作。健力式訓練以及類似的系列動作可以長期持續提高負荷，每一次的高強度訓練都是在練習運動單位總動員的能力，而隨著徵召運動單位的能力越來越強，肌力也就越來越強，這種發生在肌肉內部的動員能力，我們稱之爲「肌肉內的協調性」。透過大肌群多關節大重量訓練的過程，提高了肌群間和肌肉內的協調性，各種項目的運動員都可以脫胎換骨，展現前所未有的力量。

大肌群多關節的大重量訓練會帶來前所未有的強壯功效，但是這樣的訓練方式仍然有其局限，而這局限主要發生在肌肉收縮的速度方面。最大肌力訓練主要訓練途徑是盡可能激發運動單位的總動員，不過這是一個需要時間的過程，一般而言，從開始發力，到達到最大肌力的過程可能需要0.3~0.5秒以上，甚至更久，看起來雖然不是什麼很長的時間，可是競技運動場上的各種運動時間更短，競技運動作不但需要力量大，更需要速度快，跑、跳、投擲、踢打等動作，都是高速發揮的肌力，而快速發揮的肌力其實就是「爆發力」。

這凸顯了一個重要的事實，就是，許多競賽動作時間短到根本沒有足夠的時間達到最大肌力，舉例來說，百米衝刺的最高速度期，腳接觸地面的時間可能在0.1秒上下，這表示選手不會有足夠的時間發揮最大肌力。在有限的時間發揮更大的力量，這是一個「發力率」的議題，發力率的定義是單位時間裡的力量變化量，競技運動場上通常關心的是0.05~0.25秒之間的發力率，能夠在不限時的情況下發揮力量固然重要，但是在這些時間區間裡發出大的力量才是更重要的。根據研究和經驗顯示，最大肌力進步的初期，爆發力和發力率其實都會跟著進步，就像水漲船高一樣，但是這種同步進步並不會一直持續，在一段時間的肌力進步之後，肌力再次的提升會逐漸跟爆發力和發力率脫鉤，這也就是爲什麼許多選手在訓練一段時間之後，即使蹲舉的力量還在進步，衝刺的速度卻已經停滯，此時就需要更進一步的訓練。

配套：高速度的爆發式重量訓練

要補足這個缺點，我們需要的是高速度的爆發式重量訓練，而奧林匹克舉重及其衍生動作就成爲一個非常有效益的選項。奧林匹克式舉重指的是由「抓舉」和「挺舉」兩個動作所組成的比賽項目，而這兩個動作的決勝關鍵，是高力量、高速度表現。換言之，奧林匹克式舉重是一個爆發力項目，這樣的訓練可以迫使運動員提早並且加速用力，剛好符合發力率和爆發力訓練的需求，因此，舉重動作的出現，補足了健力式訓練在速度方面的局限，使得訓練更爲完整。

不過，相較於健美和健力的動作，奧林匹克式舉重的技術需求相對較高，身材限制也較多，因此爲了符合廣大的競技運動員、軍警消人員以及健身運動者的需求，肌力及體能訓練中不一定會採行舉重比賽使用的技術，而是一些經過簡化或修改的技術，降低了技術的門檻和身材的限制，我們稱之爲舉重衍生動作，關於這部分的敍述，在後面的篇幅還有更深入的討論。

健力與舉重英文名稱的小插曲

有趣的是，先前提到健力是最大肌力項目，而舉重是爆發力項目，但這兩個項目的英文名稱其實是相反的，健力的英文名稱是Powerlifting，舉重的英文名稱則是Weightlifting，從名稱上看來，舉重是一個只要把重量（weight）舉起來的項目，但這其實是健力比賽的特性，而健力的英文字義是要用爆發力（power）來舉的項目，這剛好符合了舉重比賽的特性。這是一個衆所週知的冷知識，不影響我們目前的討論方向，純粹分享。

結論

從前面的討論得知，健美、健力和舉重三種訓練模式都在肌力及體能訓練中扮演著重要的角色，但同時也有著一定程度的局限，局限的存在並不表示這三種項目有任何錯誤，而是因爲肌力及體能訓練與這三者有著非常不同的目標，而這目標就是透過肌力及體能訓練的手段，去提升日常生活、競技運動以及戰術任務的表現，而使用重量的運動項目中，任何有助於達到上述目標的訓練方式，都可以「借」來當成肌力及體能訓練的工具。健美式訓練的分肌群訓練法可以用於肌肥大訓練並且補強弱點，健力式訓練可以用來提升最大肌力，舉重衍生動作可以用來提高發力率和爆發力，再加上依據任務特性和個人條件所做的各種調整，使得肌力及體能訓練成爲一個獨立的領域。事實上，隨著我們對人體運動能力越來越理解，各種基於功能性、專項性的訓練手段越來越多，其中還包含了後面會討論到的單邊/不對稱訓練法，使得肌力及體能訓練的動作選項遠遠超過舉重和健力，關注的重點也不再是肌肉的線條和美感，而是整體的運動能力。

PART 2

重量訓練技術與原理

重量訓練技術概述

重量訓練技術的思維在過去幾十年有著重大的進展，這些進展讓今日的實務工作者有大量高效的教學工具可以教人安全地學會重量訓練技術。重量訓練與其他競技運動技術或日常生活中的動作技術最大的不同點在於，學習技術本身的意義不在於學習技術，而在於學會可以安全對人體超負荷的動作型態，換言之，學習技術眞正的目的是爲了將來在身體施加逐漸增大的外在負荷，以刺激肌肉骨質和神經系統的向上適應，這些向上適應是身體變得強壯結實的原因，而特殊的負荷方式更可以達到各種競技運動所需的專項肌力，所以，肌力訓練技術的影響至爲深遠，光是透過模仿的方式，似模似樣的複製教練的技術型態，對於訓練者來說並沒有意義，因爲這個動作型態如果不能用來讓訓練者安全的進行長期的漸進式超負荷訓練，讓最大肌力持續安全提升，或是在提升的過程中產生太多的受傷或疼痛，都無助於促進訓練者的健康和運動表現，也就不是肌力訓練眞正的意義。

正因爲肌力訓練技術的目的其實不僅僅是學好技術本身，所以許多一般大衆慣用的觀念，在肌力訓練上並不適用，例如，一般認爲一項技術一定有所謂的標準動作，但肌力訓練卻未必，因爲肌力訓練的目的，是尋找可以安全對人體施加壓力的動作，所以動作一定要符合人體的生物力學特性，而由於人體具有很多個別差異，每個人的肢段比例、肌群分佈、關節型態都不同，在這個複雜的槓桿系統裡只要改變一個變項，結果往往就會有顯著的不同，因此所謂的標準動作其實並不存在。但如果我們就簡單下了一個標準動作不存在的結論，必定會引起誤會，因爲我們從經驗上得知，肌力訓練動作要做錯，是可以做得非常錯非常糟的，而糟糕動作的後果往往是各種大小運動傷害，所以動作也不是隨便做做即可，教學上還是要有所依歸才行，從這個角度看來，似乎又界定了標準動作的必要。

實際上沒有標準動作，實務上又不能沒有標準動作，這是肌力體能教練時常面臨的困境，不過解決的方法其實並不複雜，就是我們需要一組標準化、可以安全展開訓練的基本動作，而這個基本動作可以在進步的過程中，依照訓練者的個別化特性調整。這種做法可以用相撲式硬舉的例子來說明，相撲硬舉最基本的定義，其實就是在硬舉的時候，雙手位於雙膝之間的動作，僅此而已，相撲硬舉本身並沒有定義雙腳應該要站的寬度，雙手握槓的寬度，以及動作初始之時軀幹前傾的角度，因此，教學時，合理的教學方式並不是強行規定一個永遠不變的制式動作，而是選擇一個合理、安全且具有調節空間的基本動作，然後讓訓練者在後續的進步過程中可以自行探索，並在安全的前提下微調動作，在一段時間之後發展成最適合的個別化訓練動作。

質化評估

要達到這樣的教學效果，體能教練特別需要具備「質化評估」的能力，所謂的質化評估，指的是對整體動作品質有敏銳的觀察能力，與質化評估相對的是量化評估，意思是對可測量的數據進行評估。在說明兩者的差異和應用之前，必須先特別說明，強調質化評估的重要性，並不表示量化評估不重要，許多情況下量化評估提供了最基本的線索，但是一個訓練者的動作好壞不能單靠量化評估，很多時候質化評估提供了更重要的線索。所謂的量化評估，指的是動作當中明顯可以測量的外觀，例如「兩腳打開與肩同寬」、「屈膝呈九十度」，或是雙手打直高舉過頭等，這些都有清楚的參照數據可以依循，不過，有經驗的教練一定還記得自己在尚未精熟教學技巧之前，曾經遇過一些學員的動作明明遵守了所有量化規則，但整體還是「怪怪的」，而這個「怪怪的」感受往往代表動作過程存在著一些非量化或不易量化的錯誤，可能是穩定性不足，可能是潛在的代償現象，也可能是學員正在經歷動作學習時嘗試錯誤的過程。

要怎樣具備質化評估的能力呢？方法或許不只一種，但是實務上成功率非常高的幾種途徑，就是在教練培訓過程中對動作細節有足夠的理解，同時藉由這些理解進行訓練，且自己體驗過提升最大肌力的效果，此外，還需要觀察並且驗證過大量不同身體特性的學員（不同身高、體重、年齡、性別、訓練背景等），這樣一來才會逐漸建立起質化評估能力。

有了質化評估的眼光，接下來要談的就是，如果觀察出學員的動作有問題，要以怎樣的方式校正。這是更深一層的問題，需要更細緻的理論模型來輔助，才能產出更有效率的教學方式，而這個理論模型，就是動作控制理論當中針對「活動度、穩定性及其交互作用」的論述，這個論述反覆出現在我的教學系統和教材當中，如果你對我們的系統涉獵得夠多，這可能不是你第一次讀到，那就當做複習。

人的動作是由各個可動關節做出角度的改變而產生，而其背後的機制是肌肉的收縮力量、筋膜的作用以及骨骼的槓桿系統，也因為如此，對整個系統施加壓力，才能刺激肌肉骨質和神經系統功能產生向上適應。由此可知，關節在動作控制當中扮演了重要的角色。可動關節在動作中提供了兩種功能，分別是「活動度」和「穩定性」。所謂活動度，指的是一個關節可以移動的幅度；所謂穩定性，指的是一個關節想要停止移動（靜態穩定），或是用特定速度移動（動態穩定）的能力。

活動度與穩定性

讓我們先來解析一下活動度與穩定性，首先談活動度，所謂的關節活動度，其實隱含了兩個層面，一個是關節構造所允許的動作幅度（range of motion），一個是關節周邊的局部肌力，所謂關節構造所允許的動作幅度指的是在不考慮肌肉主動用力的情況下，一個關節可以移動的幅度，而局部肌力指的是人的關節周邊的肌肉主動用力時，對關節活動度的影響。

區分這兩種狀況是很重要的，因爲在實務工作上，動作幅度不足和局部肌力失調的處理方法不盡相同。少數的動作幅度不足可能來自於關節形狀的問題，這是無法用訓練或教學去處理的，只能選擇適合個體的訓練姿勢，例如髖關節的個別差異，可能造成每個人適合的深蹲姿勢略有不同，如果強調雙膝要指向正前方，某些人可能會因爲缺乏髖關節活動度而蹲不下去，但是若允許訓練者尋找適合自身的膝關節方向，便能發現可以蹲下去的角度，這就是所謂的關節動作幅度問題，以下探討局部肌力。

肌纖維的堅韌度是其物理性質和肌肉張力的綜合表現，所以除了組織本身的物理性質之外，一條肌肉目前受神經系統控制而產生的收縮力量，其實也影響了一個關節的活動度。舉例來說，腿後肌十分緊繃的人，未必是因爲腿後肌不夠長，而是腿後肌因爲某些原因非常緊，這個緊可能來自於神經系統給了「過多」的收縮訊號，導致肌肉其實一直在用力，這樣的例子非常常見，許多腰痠背痛或肩頸痠痛的原因，都跟肌肉不由自主的持續用力或僵緊有關。所以當一個關節的活動度不足時，除了考慮骨骼型態及軟組織堅韌度之外，周邊肌肉是否過於用力也是要考慮的因素之一。

除此之外，在動態的過程當中，活動度不足的情形也可能來自於作用肌的力量不足，或拮抗肌過於緊繃，這其實與前述的情形有相關性。當我們想要讓一個關節做出動作的時候，會希望作用肌有足夠的力量收縮，同時也希望拮抗肌可以適時的放鬆，讓動作可以順利進行。如果作用肌的力量不足，或是拮抗肌過於緊繃，都會導致此關節的活動度降低，當活動度降低到低於完整動作所需時，整個動作就會因爲活動度不足而無法順利完成。綜合以上所述，關節活動度其實與關節本身的動作幅度，以及其作用肌和拮抗肌的局部肌力有關，而這樣的關係，再加上穩定性的變化，將會變得更加複雜。

接下來，探討一下穩定性。所謂的穩定性，其實就是關節抵抗動作的能力，穩定性有兩種表現方式，一種是靜態穩定性，一種是動態穩定性，靜態穩定性指的是一個關節是否能夠依照人體的意志去停住，比方說深蹲過程中的脊椎骨是否能夠在壓力下鞏固自己，保持形狀固定不變，或是臥推的整個軀幹和下半身，是否可以提供推動重量的雙手一個穩定的基礎，這種追求不動的能力，稱爲靜態穩定性；動態穩定性指的是動作過程中是否可以依照人體的意志用特定的速度／角速度移動，譬如在分腿蹲的過程中，是否可以用自己想要的速度下降，而不會在特定階段發生如自由落體般非自主加速的現象。在自由度較多的關節（如髖關節）動作中，能夠把動作控制在想要的路徑上，例如深蹲過程中，髖關節的屈曲和伸直動作都應該只發生在矢狀面，水平面方向不應該產生動作，如果髖關節無法提供足夠的動態穩定性，在水平面方向產生多餘的動作，就會發生膝關節搖擺的現象，如果下行過程讓膝關節移動到過度內夾的角度，就容易產生運動傷害。

釐清了穩定性與活動度的定義，接下來要探討更深一層的問題，就是穩定性與活動度並非各自獨立的功能。事實上，人體在動作過程中，各個關節的穩定性與活動度是互相影響的，一個關節的穩定性如果出問題，會影響另一個關節的活動度，反之，一個關節的活動度如果出問題，也會影響另一個關節的穩定性。這個問題有點複雜，深入探討之前，我們先討論一下所謂的出問題是什麼意思。

關節的功能出問題，比較正式一點的名稱應該稱爲關節功能失調（dysfunction），所謂的功能失調指的是在動作進行的過程中，一個關節應該提供活動度的時候卻沒有提供足夠的活動度，或是一個關節該提供穩定性的時候卻沒有提供穩定性。探討交互作用的意義在於，即使我們在外顯動作發現某個關節有明顯的功能失調，並不表示這個關節就是唯一出錯的關節，因爲一個關節的失調可能來自於其他關節先出現問題之後，一路產生交互作用，而由於一路上每個被影響的關節未必有明顯的徵兆，最後被觀察到的可能只是一連串錯誤當中比較明顯的一個，就像冰山浮出水面的一角，我們不能認爲那就是冰山的全貌。如果我們從最明顯的部分著手修復，很可能會落入治標不治本，或是頭痛醫頭腳痛醫腳的窘境。

所以，如何在教學現場用有限的時間（可能是幾秒鐘的觀察）找出問題可能的根源，或是至少縮小問題的範圍，並且選擇最有效率的訓練或調整方式，是教練們要面對的問題。以下會說明如何尋找問題的根源，或是如何在無法確認的情況下做出最安全有效的判斷。

相鄰關節法則

前面說過，每一個可動關節都有提供活動度和提供穩定性兩種功能，而人體在運動過程中常用的關節包括了肩關節、肩胛骨、胸椎、腰椎、髖關節、膝關節、踝關節、足弓、腳趾等，所以單就這些關節的功能來說，每個關節都有活動度和穩定性兩種功能，而每個關節的活動度和穩定性又會跟其他關節的活動度和穩定性交互作用，使得動作控制變成一個極度複雜的過程。在實務教學的場域，要一眼判斷出關節的活動度和穩定性，需要利用一些訓練學先進者的歸納，這裡我們要參考的是格雷・庫克（Gray Cook）和麥可・波羅伊（Mike Boyle的）「相鄰關節法（Joint-by-joint approach）」。關於這個法則的故事很有趣，像是一個不經意的事件，起源大致是這樣。這兩位大師在某次小聚聊天的時候，庫克提起了在教學經驗上的一些發現，他發現除了受傷或手術等醫療狀況之外，人體的關節在不當訓練或缺乏訓練的情況下，容易失調的功能居然有一個非常巧的規律，波羅伊一聽之下大感興趣，兩人展開熱烈的討論，經過快速的整理後，在一些場合和網路公開發表，引發廣大的討論，又因爲這個巧合出現的機會太規律，突然間變成實務界一個非常有用的工具。

相鄰關節法則是這樣說的，根據經驗，在不當訓練或是缺乏訓練的情況下，踝關節容易失去活動度，膝關節容易失去穩定性，髖關節容易失去活動度和穩定性，腰椎容易失去穩定性，胸椎容易失去活動度，肩胛骨容易失去穩定性，肩關節容易失去活動度。綜合起來，我們會發現除了髖關節是唯一的例外（兩個都容易出問題），其他的關節大致依循著「相鄰關節容易失去相反功能」的規律。換言之，我們在實務上不必每一個關節都去猜測它可能發生問題，相鄰關節法則讓我們知道，發生例外的情形並不多，所以我們少掉了一大半需要猜測的可能性。

參考相鄰關節法的資訊，我們可以發現，實務教學的情境中絕大多數遇到的狀況，其實可以被簡單歸類，這並不表示絕對不可能有例外，但是先有原則之後再處理例外，會比起沒有原則可以依循要來得簡單許多。

探討過人體各個關節在運動中可能會發生失調的情形之後，接下來我們來探討更深一層的問題，就是當有關節發生功能失調的時候，整體動作會有怎樣的變化。前面提到，當一個關節發生問題的時候，問題並不會局限在發生問題的關節，而是透過活動度和穩定性的交互作用機制，把問題逐漸擴散到其他關節，而最先被影響的往往是最鄰近的關節。這其實是一種「代償」的現象，換言之，當一個關節的活動度或穩定性不足的時候，身體會無意識地讓相鄰的關節去彌補不足的功能，這個現象我們稱之爲「反射回饋，相鄰代償」。

表：人體各個關節在運動中可能會發生的失調與缺失

	容易發生的缺失	解釋
踝關節	活動度	不當訓練或缺乏訓練的情況下，踝關節容易失去活動度，無論是背屈、蹠屈、內旋或外旋等方向，都可能會發現活動度減縮的現象；反之，活動度過大導致影響人體運動能力的情形則比較罕見。
膝關節	穩定性	除非受傷或手術，膝關節的活動度向來充足，不當訓練或缺乏訓練也未必會明顯減低膝關節的活動度，但可能會讓膝關節具有太多活動度，深蹲時膝關節不當的歪斜，跨步時無法全程維持想要的屈膝速度，都是膝關節穩定性不足的徵兆。
髖關節	活動度、穩定性	乍看之下，穩定性和活動度是兩個方向相反的東西，所以同時失去穩定性和活動度的論述，感覺上有些難以理解。不過實際上，在不當訓練或缺乏訓練的情況下，髖關節之所以會兩者都容易失去，是因爲髖關節可能會在不同的方向失去穩定性和活動度。舉例來說，有些人的深蹲在過水平線之前就覺得髖關節「卡住」，蹲不下去，但同時又發生夾膝蓋的現象，此時就是髖關節在矢狀面的活動度不足，同時在水平面的穩定性不足。
腰椎	穩定性	腰椎穩定性對於訓練安全和效果的重要性是毋庸置疑的，無論是屈伸方向還是轉動方向，身體在發力或對抗壓力時都應避免腰椎產生動作，避免偏離中立姿勢。偏偏在不當訓練或缺乏訓練的情況下，腰椎很容易失去穩定性，例如硬舉系列動作主要的特性是「髖屈伸」，但是腰椎穩定性不足的人會做成「腰屈伸」，但腰椎一旦在負重過程產生形變，馬上就會變成高風險動作。腰椎穩定性也關係到大肌群多關節動作的發力能力，腰椎穩定性不足的情況下，人體所能發揮的力量也會明顯減低。
胸椎	活動度	胸椎與腰椎雖然都是脊椎的一部分，但是兩者的形態和功能大不相同。雖然在背負壓力的情況下（例如深蹲），胸椎跟腰椎都應該要鞏固在中立姿勢不動，不過，所謂的胸椎活動度，指的並不是在背負重量時有主動移動胸椎的需求。胸椎活動度不足的意思是，在不當訓練或缺乏訓練的情況下，胸椎可能被限定在一個未達中立姿勢的範圍，例如常使用電腦或3C產品所導致的電腦症，其中就包含了頸椎前傾的駝背特徵。此外，運動過程中通常不建議腰椎發生轉動，但是在非負重的情況下移動胸椎其實沒有顯著的風險。事實上，如果胸椎在動作中不能適時提供活動度，可能會在腰椎或肩膀等處發生代償。
肩胛骨	穩定性	肩胛骨在運動當中的主要功能之一，是提供肩關節支撐的力量。肩關節的關節窩非常淺，而且當肩關節需要支撐的時候，需要一個本身也可以活動的肩胛骨提供穩定性，所以，肩胛骨的功能看似需要在背後適時地移動，感覺起來像是一個需要活動度的東西，不過一旦肩胛骨就定位，需要有強大的力量穩住自己，才能爲肩關節提供支撐力，而且這可能是一個靜態的過程（例如臥推時鎖緊肩胛骨的動作），也可能是一個在動態動作時提供穩定性的過程（例如伏地挺身或肩推過程中，肩胛骨持續貼背滑動並且支撐肩關節）。但在不當訓練或缺乏訓練的情況下，肩胛骨容易失去穩定性。
肩關節	活動度	在經驗上，肩關節的例子一般人比較熟悉，越缺乏運動或過度訓練的人，越容易發現肩關節過度緊繃，例如高舉雙臂的過程，或發現無法輕易舉到後腦正上方。肩關節活動度不足影響的動作很多，肩推、抓舉等過頭動作，以及背蹲舉、前蹲舉等槓鈴動作都會因爲肩關節活動度不足而變得困難。

代償

我們來探討一下「代償」這件事，在技術教學的過程中，代償往往被視爲不好的現象，因爲代償背後代表的意義，是身體的某個部位沒有扮演好自己的角色，需要其他部位幫忙提供該有的功能，這表示參與代償的部位必須扮演原本不屬於自己職責所在的角色，因此在負重的情況下往往有較高的受傷風險。以硬舉爲例，練習硬舉的時候，如果學員的髖關節活動度不足，無法做出足夠的「屈髖」動作，但又想要抓握擺放在地上的槓鈴，身體就會不由自主的增加「彎腰」動作，以彌補屈髖沒有達到的動作幅度。這樣會形成駝背硬舉的姿勢，又因爲彎腰使得腰椎偏離中立姿勢，不利於採行核心呼吸法，使得受傷機率提高。由於這是無意識的過程，學員很可能對問題渾然不覺，甚至可能無法領會教練口語指導的意思，這經常演變成兩方都非常挫折的教學經驗。從這個角度來看，代償眞是個麻煩的東西。

不過，如果代償是個糟糕、麻煩、有害的東西，爲什麼人體會如此有效率的執行代償機制呢？其實代償是人體重要的保護機制，人體動作之中，其實充滿了無意識的控制和微調，人在做動作的時候，通常只會注意到動作的目的，以及少數與目的直接相關的肢體動作，但其實身體在這個過程中還做了非常多其他事情，包括穩住姿勢，協調身體其他部位，讓動作可以順利進行，換句話說，無意識層次的動作控制，其實是人體可以高效率移動的重要原因，試想，如果人必須有意識地確認每一條肌肉該做什麼之後才能有動作，動作控制就會變成既繁複又冗長的過程。

人所處的環境是多變的，人與環境互動的過程中，不可能事事都順著人的計畫走，踩出去的一步，不表示著地的狀態永遠跟預想的一樣（不然就不會有人摔倒了），所以人體在執行動作的過程中，必須不斷搜集環境當中的訊息，當作一種回饋，去調節動作控制，而這個現象同樣也包括了無意識的控制，因此，踩出去的腳如果發現地滑，身體就會自動收縮某些肌群，試圖平衡原本快要失衡的姿勢，舉起來的手臂如果遭遇意想不到的阻力，身體也會迅速調節軀幹的姿勢，試著更有效率地抵抗外力，這種反射性的回饋機制，其實是再自然不過的身體功能。面對外在環境如此，面對自身的關節功能失調也是如此，動作過程中，如果某個關節應該提供活動度或穩定性，但卻因爲某些原因沒有提供，身體也會馬上依循著反射回饋的機制去解決問題。

反射回饋讓身體知道有問題要解決，實際上解決問題的是相鄰代償，也就是前面提過的，當一個關節無法提供足夠的活動度或穩定性時，身體會反射性的徵用相鄰的關節來協助，這是個不加思索且轉瞬間發生的事情，身體只記得要完成任務，所以當環境條件發生變動的時候，一定要盡快找到解決方式。因此，代償動作通常是急就章，迫不得已的暫時手段，不一定是依循著人體自然動作的功能執行的。此外，代償動作通常是從局部開始，接著放射狀擴散出去，所以首當其衝的是相鄰的關節。舉例來說，在做硬舉的起始動作時，髖關節活動度不足的人容易反射性的彎腰，同時增加屈膝的幅度，這是用腰椎和膝關節去代償髖關節的現象，因爲人只在乎動作的目的，也就是雙手抓到槓，當髖關節活動度不足，屈髖姿勢受限時，增加屈膝和彎曲腰椎，都可以幫助身體更接近地上的槓鈴。但是我們都知道，從這樣的姿勢開始硬舉是有風險的，過度屈膝會讓脛骨位置向前，把地上的槓鈴往前推遠，彎曲的腰椎則更容易使每一節脊椎骨之間的壓力開始不均，這可能會讓身體受傷的機率提高。觀察整個人體，我們會發現反射回饋相鄰代償的例子不斷出現，這讓運動訓練變成一件有點複雜的事。

相鄰代償，牽一髮而全身動

相鄰代償的現象不會只發生一次，當一個關節出問題的時候，首當其衝的是它上下相鄰的關節，但是一旦相鄰關節發生代償現象後，代償關節很可能會變成另一個功能失調的問題，因爲相鄰關節通常容易失調的功能是相反的，於是問題就越傳越遠。這用實際的例子比較容易說明，踝關節失去活動度時，膝關節可能會協助踝關節提供活動度，但這表示膝關節可能會因此失去一些穩定性，而當膝關節失去穩定性時，髖關節會彌補其穩定性，但是可能導致自己失去一部分活動度，而當髖關節失去活動度時，腰椎可能會協助它提供活動度，但也因此導致腰椎失去一部分穩定性，如此一來，一個嚴重的關節功能失調，可能會透過相鄰代償的機制變成一條連鎖反應，而在這連鎖反應裡，不見得每一個關節的失調都有明顯的外顯徵兆，這就讓動作教學變得相當複雜，尤其是牽涉越多關節的動作，就有越多代償的可能性。

一個實務上的經典例子是過頭深蹲（overhead sqaut），從這個動作觀察肌力訓練幾乎可以將常用的關節功能一網打盡，因爲如果要做一個順暢的過頭深蹲，踝關節要提供足夠的活動度，膝關節要提供足夠的穩定性，髖關節要提供足夠的活動度和穩定性，腰椎要提供足夠的穩定性，胸椎要提供足夠的活動度，肩胛要提供足夠的穩定性，肩關節要提供足夠的活動度，才有辦法做一個四平八穩、不歪斜不傾倒的過頭深蹲。換言之，相鄰關節法提到容易失調的關節功能一個都不能少，才能夠順利完成動作。假設一位學員的踝關節活動度不足，無法深蹲到底，這時候就有可能引發一連串連鎖反應，踝關節活動度不足，下蹲過程可能會不由自主地掂起腳尖，將膝關節往前推，讓膝關節提供更多的活動度，彌補踝關節的不足，然而前推的膝關節使得穩定性降低，髖關節開始鎖緊，試圖以僵硬性代償穩定性之不足，過緊的髖關節導致腰椎必須提供一些活動度，這也造成了腰椎穩定性降低，而不穩的腰椎促使胸椎縮減活動度，變得僵硬，如果僵硬的姿勢不足以做出一個中立脊椎姿勢，就會影響肩胛骨的移動，如果肩胛骨不能移動到適當位置，就會讓肩關節受限，導致無法高舉雙臂。

在這個虛構但常見的例子裡，我們知道所有關節都受到不良的影響，但是如果我們試著逐一修復每個關節，很可能陷入一個窘境，就是這裡面除了最初的踝關節活動度是眞的有問題之外，其他都是因爲連鎖反應所造成的狀態性問題，也就是說，用一般的伸展運動去解決所有不足的活動度，或是用所謂的啟動（或稱爲低阻力訓練）技巧去提升所有的穩定性，似乎都治標不治本，甚至有可能是浪費時間的。因爲有很多關節本身是沒問題的，只有在這個動作中因爲相鄰關節的異常，產生了反射性的代償反應而已。

這樣的例子屢見不鮮，甚至可以說是教學現場的常態，所以，在動作教學的時候，要記得以下準則：「觀察機制而非外型」、「修復機制而非外型」、「強化機制而非外型」，換言之，觀察學員的動作時，不再只是鎖定有錯誤的部分，而是要宏觀的思考這個部位的問題，與身體其他部位潛在問題的相關性，且嘗試修復一個錯誤動作時，不再只是糾結在外表看起來錯的地方，那很可能只是其他部位動作失調導致的代償現象，把病徵當作病源來對待，錯誤往往會反覆出現。更重要的是，肌力訓練的意義，在於對人體自然動作施予漸進式超負荷的壓力刺激，以促成肌肉、骨質和神經系統的向上適應，因此我們要確認學員是用對的動作控制機制來承受重量，而非做出看似正確的動作外型來承受重量，要知道，許多動作失調的源頭並不明顯，比較明顯的很可能只是多次代償後的外顯動作，強行修復代償動作卻沒有修復機制，就這樣施予壓力刺激，實際上是埋下了後續訓練的風險。

不過，即使我們有相鄰關節法可以幫助歸納並簡化問題，即使我們知道有「反射回饋，相鄰代償」的機制，人體的動作還是十分複雜，尤其是毫無經驗的初學者、長期坐式生活的一般人，或是有舊傷的運動員，只要身上有一兩處關節功能失調，幾次代償後就會讓問題變得混沌不明。假設有一位學員的深蹲動作即使在教練仔細解說後，仍會不由自主地踮腳尖、膝蓋搖晃、髖關節卡卡的、腰椎彎曲、駝著背，而且肩膀活動度奇差無比，根本背不到槓，此時我們到底要從哪裡開始修復呢？很可能我們伸展了腳踝結果反而更駝背，伸展了肩膀結果依然無法背槓，可能在膝關節上綁了小彈力帶但還是蹲得歪七扭八，也可能整堂課的時間都在修復，沒辦法空蹲，更別說負重了。這種例子並不少見，事實上，身體的代償像是一個移動中的標靶，就算你瞄準了，它還是可能在你射擊前突然移動，如此一來，修復代償動作會像是玩打地鼠遊戲一樣，打了一隻，其他洞穴又跳出來兩隻，打了這兩隻，剛剛那個洞又跳出一隻。要讓問題再更進一步簡化，我們需要更精確的教學系統。

更精確的教學系統，其實不是另一套系統，而是在這些會「反射回饋，相鄰代償」的諸多關節中，找出一個起點，當作第一個控制點，一旦控制住這個點，這些代償來代償去的現象就會暫時「靜止」，使得因代償而產生的「假失調」現象消失，讓眞的關節功能失調現形。聽起來很理想，不過，該用哪個關節當作控制點呢？要處理這個最核心的問題，就要回到問題的核心，沒錯，要從核心穩定性開始著手，我希望前面幾句雙關語不要把你搞得更亂，所以更明確地講，所謂的控制點，就是腰椎。

腰椎、中立姿勢與身體穩定

腰椎之所以被當成我們教學系統最先處理的部位，是因爲從前人的經驗，我們觀察到人體發力的一個基本原理，就是「中軸穩定，四肢發力」。這個觀念在我們所有的教材和技術系統都會出現，就連網路節目也經常提到，所以你可能不是第一次聽到。不過爲求論述的完整性，這裡仍然需要再次強調。所謂的「中軸穩定，四肢發力」，是在描述人體用力時常見的規律，人類是極少數站起來的脊椎動物，脊椎動物大多採四足行走，就算有少數可以站起來，通常也只是短暫的站立，而四足行走時，多節的脊椎骨可以協調前肢和後肢的動作，是一個靈活又堅固的結構，不過一旦直立，脊椎骨的構造就不再那麼牢固，直立的脊椎骨本身沒有夠好的承載能力，脊椎骨旁邊的脊椎神經索又剛好是人體最重要的電纜線，任何脊椎姿勢的失衡，都有可能危及脊椎神經索，而人體的神經系統又有自我保護的機制，就是當外力或姿勢到達足以影響脊椎安全時，身體會以限制活動度與力量的方式「阻止」動作發生。其實，這種類似自動煞車系統的機制，正是「反射回饋」的一種表現，當系統發現目前對抗的阻力或是所做的動作會危及系統本身時，系統會試著終止這個動作，而所能動用的方法，可以是鎖住相鄰的關節阻止動作發生，或是直接收回力道，讓動作無法繼續進行。

脊椎本身很難在垂直負重的情況下維持中立姿勢，但其實人體本來就有另外的機制可以幫忙保護脊椎，除了錯綜復雜的核心肌群可以幫忙從各種角度穩定脊椎之外，另外就是利用「體腔內壓」。負重通過脊椎時，從肩膀到骨盆之間的脊椎骨都需要穩定性，而穩定性不能依賴脊椎自己提供，因爲層層疊疊的結構非常容易在垂直壓力下變形，脊椎骨附近穿插圍繞的肌群雖然可以提供部分保護力，但是由於太過於貼近脊椎，力學角度甚爲不利，所以雖然可以有效控制脊椎的姿勢，但是在對抗壓力的情況下仍然需要更強而有力的支撐，而體腔內壓正好提供了脊椎所需的強大支撐力。肩膀到骨盆之間最需要穩固的部位是胸椎和腰椎，胸椎可藉由胸腔內壓提供穩定性，腰椎可藉由腹腔內壓提供穩定性，胸腔的壓力調控相對簡單，深吸一口氣，然後在不會太難受的狀態下憋住，基本上就可以調控出相當剛強的胸腔內壓。

腹腔內壓（intra-abdominal preasure，IAP）則稍微複雜一些，腹腔要作為鞏固腰椎的支撐結構，必須先呈現橫隔膜正對著骨盆底的「桶狀結構」，就如同汽油桶，其上蓋是橫膈膜，底面是骨盆底，當橫膈膜正對著骨盆底時，能夠產生最堅固的結構。當腹背肌群做強而有力的等長收縮，再藉由剛剛提到的深呼吸，會將橫膈膜往下降，使腹腔內壓上升，形成剛性的腹腔，就可以在強大的壓力下仍將腰椎鞏固在中立位置。合併以上所述，透過訓練，一吐一吸之間，就可以同時讓胸腔和腹腔的內部壓力提高，使得軀幹成為保護脊椎中立姿勢的最強防線。這個防線完全依賴技巧性的呼吸調控，而且調控後的壓力大小，與四肢的活動度和力量有直接的關係。

呼吸法的步驟與原理

要指導學員調控腹腔內壓，需要有簡單的流程，熟悉我們訓練系統的人都知道，我們採取的方式是用三句指導語：「吸氣閉氣，壓胸夾背，扭地夾臀」，這並不是三個有先後順序或各自獨立的動作，而是三個學習時特別需要提示的重點，熟練之後應能同時完成。以下就這個常見的呼吸法做一些說明：

所謂的吸氣閉氣，就是深呼吸一口氣，然後在肺中保留適當的氣體，用類似短吐氣但刻意憋住不讓氣體真的吐出來的技巧，使體腔壓力上升，對於單次最大用力類型的訓練，可能就是一次憋足了氣直到把動作完成。這樣的呼吸法並非一成不變，因為閉氣式的呼吸方法有時間和頻率的限制，簡單來說，單次不宜過久，連續不宜過多。對於需要持續負重一段時間的動作（如負重行走），可能會用連續短吐氣的方式，一邊維持核心穩定性，一邊換氣以維持氧氣的供應；對於需要高反覆次數的動作，可能就會採取吸氣後先吐掉一大部分的氣體才閉氣，或甚至是在動作的離心過程吸氣，向心過程吐氣，讓真正閉氣的時間越短越好。雖然不閉氣的方式會影響用力的能力，不過通常高反覆的訓練也不會是接近極限的重量，所以吸氣和吐氣時儘量穩住軀幹，通常還是可以安全地完成（值得一提的是，有些特殊族群在醫療評估後可能會被判定不適合憋氣用力，此時就應該用全程不憋氣的做法）。進行爆發力訓練時，強力憋住的呼吸可能會影響動作的速度，畢竟用力繃緊的身體無法做出快速的動作，因此爆發力訓練時的呼吸法，就會變成吸氣蓄積穩定性後，於加速的那一刻短吐氣後隨即放鬆。不同動作的呼吸法也會隨著其動作特性而有所差異，這部分在後續動作教學的篇幅還會再提到。

壓胸夾背是爲了在保持中立脊椎的同時，可以讓橫膈膜用力往下壓，所謂的壓胸，是在不駝背的情況下儘量讓肋骨接近骨盆，夾背則是讓肩胛骨對著腰椎方向夾緊，這個過程便製造了堅固的上半核心結構。這部分的引導對於許多人來說是違反直覺的，他們知道身體乘載重量時不應駝背，但也因此直覺式的認爲，用力抬頭挺胸甚至拱起腰椎做出翹臀的姿勢，是最遠離彎腰駝背的安全姿勢，但這種認知是不正確的。用力挺胸翹臀的姿勢其實有幾個壞處，首先，雖然負重時彎曲脊椎會有較高的風險，但是過度伸展也會，彎曲和過度伸展其實都是偏離中立脊椎姿勢，只不過是往不同方向偏離，此外，過度伸展的腰椎還有可能自行造成骨骼之間不當的壓力，因此在站姿負重時不應故意拱腰。其次，挺胸翹臀的姿勢其實遠離了核心的桶狀結構，也就是橫膈膜正對著骨盆底的姿勢結構，會因爲挺胸翹臀而破壞，過度挺胸會使胸廓前側抬高，翹臀姿勢則是讓骨盆前翻，使得原先看起來像是汽油桶的核心結構，變成一個歪斜的桶狀結構，核心穩定性就此被破壞，也提高了負重的風險。所以簡單來說，爲了避免駝背而刻意挺胸翹臀的姿勢，可能反而使核心穩定性降低，在這個情況下背負重量做動作時，更容易在過程中因爲無力維持中立脊椎姿勢而產生駝背。

扭地夾臀則是爲了製造堅固的下半核心結構，所謂的扭地，是在地板上藉由抓地旋轉的力量提高足部的穩定性，同時扭轉下肢向外，提高膝關節的穩定性，並夾緊臀部，讓骨盆回正。

扭地夾臀的動作在外觀上雖然細微，但是對於提升下肢和核心穩定性來說卻有重要的功效，首先從足部說起。人的腳掌在動作上雖是一個整體部位，實際上是由數根小骨頭構成，如果沒有以適當力道收緊，將會變成一個鬆散不穩定的結構，有種有效收緊足部的方法，就是利用旋轉的方式，先將足底所謂的三腳架結構「抓緊」地面，也就是讓大拇趾跟、小趾跟和腳後跟先壓緊地面，接著朝向外側方向旋轉，這個旋轉不是爲了製造動作，而是繃緊足弓，讓整個足部結構穩定。向外旋轉的力道出現時，腳踝通常也會回歸到自然中立的位置，少了這個旋轉的力量，許多人的足弓會放鬆踩平在地上，這個時候腳踝也會跟著外翻，外翻的腳踝可能會影響整個下肢的動作路徑，導致相鄰的膝關節或甚至是更遠的關節動作異常。

膝關節本身也可以藉由扭地夾臀的旋轉力量提升穩定性。膝關節是活動度很大的關節，除了矢狀面的活動外，其他方向也有些微的活動空間，這些少許的活動空間在平常或許不是什麼問題，但在需要高度穩定性的大重量訓練過程中，多餘的活動度往往會影響用力，甚至提高受傷風險，因此，藉由扭地夾臀的過程繃緊膝關節，也是控制多餘活動度的方法。值得一提的是，這個旋轉的力量只是爲了控制膝關節多餘的活動度，所以不要過度旋轉，也無需強迫限定腳尖及膝蓋的方向，旋轉過頭可能會再次提高膝關節受傷的風險。那怎麼樣才算是適量呢？有個常用的建議是向學員解釋：扭地夾臀是一個力道，而不是一個動作，膝關節或許會有微小的向外旋轉，但目的是爲了維持膝關節動作的穩定性，所以，轉到穩定的感覺出現卽可，而不是將膝關節儘量用力往外推。

夾臀可以說是扭地過程中順勢而爲的動作，且可以提供一部分回正骨盆的功能，當然，有許多骨盆位置的異常可能積習難返，例如長期習慣挺胸翹臀的姿勢，或是坐式生活常見的彎腰駝背，這些問題可能無法藉由一句指導語解決，問題較嚴重的時候可能需要額外的動作學習來修復。不過，在沒有不良姿勢習慣的情況下，夾臀動作有助於學習骨盆正確的位置，除此之外，夾臀動作收緊了骨盆底，讓核心的桶狀結構更加穩固。

核心的穩定性直接關係到肩關節和髖關節的活動度，也關係到身體力量的發揮，穩定性不足時，可能會以鎖住附近關節的活動度，或是直接鎖住力量，來避免危險動作繼續下去。以深蹲爲例，訓練者背起了不適當的重量做深蹲時，這個比自己當下實力再高出一點點的重量會危及脊椎的穩定性，且核心呼吸法所提供的支撐力不足以承受這個重量，則在下蹲過程中我們會發現腰椎逐漸無法維持中立姿勢，同時也會發現髖關節活動度越來越吃緊，很可能蹲到大腿尚未過水平線的高度時，訓練者就感覺髖關節已經卡到底了，這個錯覺讓他覺得下蹲的深度已夠，可以折返了，所以趕快順勢站起。當他心滿意足地檢視剛剛的自拍影片時才發現，這根本是一個深度不夠的深蹲，爲什麼會這樣呢？這並不表示他是一位愛慕虛榮貪圖成就感的人，爲了貪圖重量而在動作幅度上偸工減料，實際上是他在蹲的過程中，因爲腰椎穩定性不足，引發了相鄰代償，讓相鄰的髖關節「鎖住」，身體試圖用「僵硬性」（stiffness）去彌補腰椎不足的「穩定性」（stability），換言之，髖關節犧牲了活動度，去代償腰椎應該要提供的穩定性，這就是身體用鎖住活動度來避免動作繼續的例子。

再以深蹲爲例，接下來這個例子可能很多人有經驗（雖然我不鼓勵你故意去嘗試），假設今天有位訓練者在做一個「能力所及」的高強度深蹲，深蹲到底時，故意把原先憋著的氣吐出來，導致腹內壓降低，此時，再想驅動腿力站起來的時候，會突然發現腿力好像消失了一樣，只能蹲在原地，卽使姿勢並未潰散，卻再也站不起來，此時只能把槓輕輕靠在蹲舉架的保護槓上，安全脫身就好。這是穩定性不足導致「力量」被鎖住的例子，身體偵測到目前的腹腔內壓不足以保護腰椎，接下來的動作可能會有危險，便主動收掉了力道。雖然基於安全考量，訓練時通常不建議挑戰失敗之後再挑戰第二次，不過如果是因爲這種主動把氣吐光導致的失敗，其實休息片刻，吸飽氣再來一次，這次不要在過程中故意把氣吐掉，有非常高的機率是會成功的。

結論

既然核心穩定性與力量和四肢關節的活動度有如此密切的關係，在面對動作教學問題時，如果可以先確立核心穩定性是足夠且完善的，更具體一點講，確立學員有利用呼吸法調控腹腔內壓以鞏固核心的能力，等於解決了動作控制中最難纏的一個問題，接下來各個關節的活動度或穩定性才會比較「誠實」地呈現眞正的面貌，如此，教學者也才能夠對問題作出比較好的判斷，並且決定該用怎麼樣的方法修復。就舉前面用過的例子來說，一位學員的深蹲呈現踮腳尖、夾膝蓋、骨盆後翻、彎腰駝背的現象，這看似有好幾個錯誤的深蹲姿勢，逐一修復很可能會落入反射回饋、相鄰代償的陷阱，但如果先確認核心穩定性，可能會發現下肢的各種怪相其實是核心穩定性不足的結果，而非獨立的病源，因此，如果檢測結果確實不足，便可進行呼吸法教學，一旦核心穩定性充足，足以在深蹲過程中「先」確定不會彎腰駝背，其餘下肢問題如果還存在，才需要逐一去解決。

關於修復的議題還有非常多，完整的論述超過本書設定的範圍，在體能教練的養成階段裡，比較重要的是先建立起有效率的識別機制，接著就可以藉由實習或教學的機會累積經驗，灌溉這方面的功力。接下來，我們來探討基本槓鈴肌力訓練技術。

Static Stability
Strength

PART 3

基本槓鈴肌力訓練技術

CHAPTER 3

基本槓鈴肌力訓練技術概述

肌力訓練發展至今，千變萬化已經不足以形容，不過如果我們想要掌握肌力訓練最基本的原理，其實大概可以用兩句話來形容，就是：「對著有負重潛力的人體自然動作，施予漸進式超負荷的壓力」。這句話雖然簡單，不過可能需要花一點時間去理解。所謂的「人體自然動作」，指的是人體原廠內建的功能，就像前面解釋過，人體各個關節都可以提供活動度和穩定性，當各個關節都在自身許可範圍內提供活動度或穩定性，所組成的動作就是人體自然動作。換言之，人體自然動作可以解釋成不會對自身造成傷害的動作，因爲如果一個動作本來就會對自身造成傷害，再對這個動作施加壓力刺激，效果發生之前很可能會先產生運動傷害。

不過，並非所有人體自然動作都適合用來做肌力訓練，肌力訓練的原理，是利用壓力刺激製造肌肉、骨質和神經系統向上適應的現象，且過程中代謝和心肺功能也會有所提升，關鍵在於這個動作有持續增加負重的潛力，這也是許多運動員和教練容易產生誤解的地方。過去有許多運動員和教練認爲，競技運動的動作就可以當作肌力訓練，畢竟無論是跑、跳、投擲、揮拍、踢打等，都需要肌肉的強力收縮才能完成。這樣的觀點並非完全錯誤，因爲從運動員的養成過程中，我們的確會在訓練初期看到肌力進步的現象，不過隨著技術越來越純熟，動作效率越來越高，運動訓練的肌力刺激效果其實是越來越少，如果增加訓練量，通常產生的是耐力型的適應而非肌力適應。此時會有不少人認爲，那就在競技運動的動作上加重量，是不是就符合了肌力訓練的原則呢？但實際上，許多動作增加壓力的潛力很小，甚至稍微對其增加壓力，動作型態就會改變，以投擲爲例，棒球選手是否可以藉著投擲越來越重的球來增加投擲肌力呢？答案是效果非常有限，因爲當球越來越重時，姿勢也越來越走樣，沒多久可能就會變成一個危險動作，或是轉型成另一個完全不同的動作。這個例子顯示，並非所有運動場上出現的動作都適合增加負重，要設計出有效的肌力訓練課表，我們需要尋找有負重潛力的人體自然動作，也就是那些加重量之後不會改變動作型態或用力機制的動作。

這聽起來像是一個大工程，慶幸的是，有效的主要大動作都已經被前人用嘗試錯誤的精神實驗出來了，基本上，人體的上肢就是多方向的推和拉，可以粗分爲「水平推」、「水平拉」、「垂直推」和「垂直拉」；下肢的重量訓練動作常見的有推、拉、轉、走等類型，其中「轉跨」動作較適合做輕負荷的爆發力訓練，而「負重行走」則先天具有高反覆的特性，使用高強度低反覆的動作型態主要是「下肢推」和「下肢拉」，所以本書先集中探討這兩種動作模式。

肌力訓練器材種類繁多，槓鈴絕對不是唯一，不過從教學的角度來看，槓鈴技術可說是非常好的入門學習課程，槓鈴可以讓人直接掌握重物的重心，在安全性和效率方面有其獨到之處。因此以下將從使用槓鈴的角度爲出發點，說明各種肌力訓練動作的操作方式。

CHAPTER 4

下肢肌力訓練

肌力訓練的基本原則，是對有負重潛力的人體自然動作加壓力，如前所述，下肢可以增加壓力的主要動作有所謂的下肢推和下肢拉，具體而言，這指的是深蹲與硬舉系列動作，這樣說好像很間單，其實內容稍微複雜了一些，因爲深蹲和硬舉系列動作外觀上雖然大不相同，但實際上是一個連續的動作光譜，而這需要從「三關節伸展」以及「膝主導」和「髖主導」的觀念談起。

下肢肌力的發揮，最有力量的模式稱爲「三關節伸展」，指的是人體下肢同時伸髖、伸膝、伸踝的動作，這個動作讓人可以對地面用力，也因此產生反作用力，並借用這個反作用力推動物體或自身。這是人體所能產生最大力量的動作模式，廣泛地出現在人體運動的各種情境裡。最典型的例子如跑和跳，如果要有好的表現，必須善用三關節伸展的模式來發力，而且，三關節伸展不僅止於下肢動作，許多上肢動作其實也靠著三關節伸展「借力」，才能夠有更好的表現，這就是爲什麼棒球的投擲、拳擊的揮拳，或者是需要推或拉的角力和橄欖球，都會有相對應的腳步訓練，因爲上肢的力道其實來自於下肢三關節伸展，缺少了下肢強而有力的力量輸出，上半身最後能夠發出的力道將會大打折扣。

三關節伸展並非特定的姿勢，而是踝關節、膝關節和髖關節因時制宜的絕妙組合，因此，跑、跳、踢、投、推、拉都有不同的三關節伸展樣貌，而這一切可以簡化成兩種特定型態之間的連續光譜：髖主導和膝主導。所謂的髖主導，指的是三關節伸展動作過程中經歷了「大屈髖」的動作過程；膝主導指的是有「大屈膝」過程的動作（這裡必須特別提出的是，肌力訓練是一種應用科學，許多名詞來自實務界的習慣用語，且經常有不統一的現象，所以讀者可能會在不同的地方聽到不同的定義，此處所下的定義，其目的並不在於爭論何種才是唯一的定義，而是協助解釋觀念，若讀者在其他地方讀到不同的定義，則需依照不同的脈絡去理解）。

解釋髖主導和膝主導這兩種三關節伸展型態最簡單的例子，是想像一下人體跳躍時可能選擇的動作策略，這裡請試想兩種情形，如果今天想要往上跳，很自然的，我們會進入一個上半身較接近垂直於地面的姿勢，同時大幅度地「屈膝屈髖」讓身體降低，利用這個反向動作（counter movement）蓄積力量，接著用力往上跳，這其實就是垂直跳（vertical jump）的動作型態；如果今天想要往前跳，我們的策略會跟往上跳大不相同，首先我們的上半身會明顯向前傾倒到接近水平於地面的位置，此時我們的下肢動作會有明顯的大幅度屈髖，但是只有微微的屈膝，這種「微屈膝大屈髖」的過程，讓身體進入蓄積力量的姿勢，接著可以用力向前跳，而這其實就是立定跳遠（standing long jump）的動作型態。

表：膝主導與髖主導的訓練動作光譜。

偏向膝主導								偏向髖主導
前抱式深蹲／前蹲舉	高槓式背蹲舉	低槓式背蹲舉	側蹲（屈膝側）	分腿蹲／後腳抬高蹲（前腳）	菱形槓深蹲／菱形槓硬舉	相撲式硬舉	傳統式硬舉	直膝硬舉／羅馬尼亞式硬舉／單腳羅馬尼亞式硬舉

（圖 4-0-1）膝主導與髖主導光譜對照圖。

前抱式深蹲

前蹲舉

高槓式背蹲舉

低槓式背蹲舉

側蹲（屈膝側）

分腿蹲

菱形槓硬舉

相撲式硬舉

傳統式硬舉

直膝硬舉

垂直跳和立定跳遠的過程，其實是下肢三關節伸展的兩種主要範例，其他動作型態不過是調整三關節伸展的比例，如果我們羅列出有負重潛力的三關節伸展型態，會發現這是一條從「有顯著屈膝」（膝主導）的三關節伸展動作，到「沒有顯著屈膝」（髖主導）的連續光譜。

雖然上表並無法包含所有變化動作，但從表上列出的動作來看，膝主導和髖主導的動作型態其實是相對的，所以你可能會聽到這種論述：「前蹲舉是比較膝主導的動作，低槓式背蹲舉是比較髖主導的動作。」換言之，所謂的膝主導和髖主導，並非涇渭分明的兩種動作類型，都是比較後的相對結果。如果要找出最極端的膝主導動作，那大概會是前抱式深蹲和前蹲舉；如果要找出最極端的髖主導動作，那大概會是直膝硬舉或羅馬尼亞式硬舉。

值得一提的是，不同的訓練系統或學派對於這一系列的動作，重視程度並不相同，偏向奧林匹克式舉重訓練的系統通常會十分強調前蹲舉的重要性；偏向健力式訓練的系統會非常重視背蹲舉（即使各門派的背蹲舉模式不盡相同）；偏向功能性訓練的系統會非常重視不對稱動作。我們的訓練思維，因爲大量依賴「變化動作」帶來的效果，認爲所有動作都有其重要性，不應偏廢。以下，我們將依序介紹各種下肢肌力訓練動作。

專題討論：深蹲系列動作比較

偏向膝主導的蹲系列動作種類很多，其中又粗分爲「雙邊／對稱動作」和「單邊／不對稱動作」，雙邊對稱的動作其實就是深蹲，但深蹲並非只有一種，使用槓鈴的膝主導訓練動作中，有一系列姿勢相當類似深蹲，包括前抱式深蹲、前蹲舉、高槓式背蹲舉和低槓式背蹲舉，相較於蹲系列的其他動作（分腿蹲、側蹲、後腳抬高蹲等），這幾種版本的深蹲動作看似相同，只是把槓放在不同位置而已，不過，就是因爲槓鈴放在不同位置，讓這幾個動作的下肢三關節動作有著明顯的區別。

要探討槓鈴位置對下肢姿勢的影響，得先探討一個系統重心的問題。我們可以把人體和背負的體外重量視爲一個整體的系統，而深蹲的過程，無論人體做了什麼動作，踩在地上的兩隻腳就是整個系統的基底面積。人體的動作中，系統重心垂直向下投射的點若是落在基底面積範圍之外，會產生很大的不穩定性，偏離越多越可能跌倒；系統重心位於基底面積內部時，穩定性開始提升；而當系統重心剛好位於基底面積正中心時，整個系統會達到最穩定的狀態。

前面提到過，深蹲時的基底面積其實就是著地的雙腳，由於深蹲時雙腳處於對稱的位置，基底面積的正中心其實就是雙腳腳掌心連線的正中間。從左右的方向來看，人體的左邊和右邊重量大致對稱，槓鈴的左邊和右邊也是對稱的（除非有人故意或不小心放錯重量，或是人不在槓鈴正中間），因此只要身體不歪斜，槓鈴不背錯位置或放錯重量，其實系統重心也會剛好位於人體中線，再向下延伸，也會剛好是兩腳腳掌心連線的正中間。

前後的重心位置也一樣好找，只是解釋起來稍微複雜一些。從腳的結構來看，似乎從腳尖到腳後跟範圍內都是可以擺放重心位置的，但是我們可以設想，在這個腳尖到腳跟的範圍內，越偏向腳尖越容易往前跌倒，越偏向腳後跟越接近向後跌倒的姿勢，唯有腳掌心位置同時距離兩邊都很遠，才有最佳的穩定性。值得一提的是，腳掌心雖然是重心的基底，本身卻不直接壓在地面上，而是透過三腳架原理，將系統重量分散在大拇趾根、小趾根和腳後跟上。

人體沒有體外負重時，站姿的重心大概位於腹部，深蹲過程只需要將重心對準腳掌心慢慢下降即可，但是背負槓鈴時，就必須連槓鈴的重量都考慮進去，因爲蹲舉系列動作可以背負的重量很重，使用大於自身體重的重量來練蹲幾乎是長期訓練者的常態，因此，在背負遠大於體重的體外重量時，最簡單的做法就是讓槓鈴對齊腳掌心。

槓鈴對齊腳掌心的前提建立之後，接下來就可以討論下肢三關節各自的動作幅度，以及軀幹前傾角度的議題，但在此之前，我們先討論一下髖關節和膝關節之間的關係。先前提到過，下蹲的時候讓槓鈴對齊腳掌心會是最有效率的蹲姿，因爲人體可以不必花費額外的力氣去控制向前或向後傾倒的趨勢，但也因爲槓鈴要持續對準腳掌心，人體前傾的角度必須配合槓鈴的位置，因此在做前抱式深蹲時，由於槓鈴位於腹部前方，身體會非常接近垂直於地面的角度，膝關節會需要向前推。槓鈴擺放到背後時，由於槓鈴仍然對齊腳掌心，身體的姿勢會前傾很多，尤其是在做低槓式背蹲舉時，臀部有最大的後推潛力，若要善用腿後肌的力量，可以將身體前傾到胸口幾乎正對著前方一到兩公尺處的地板。簡言之，深蹲系列動作（前抱式深蹲、前蹲舉、高槓式及低槓式背蹲舉）的軀幹前傾角度，主要受負重位置所影響。

值得一提的是，即使是同一種負重形式，髖關節和膝關節的角度仍然有小量的變化空間，換句話說，下蹲的過程以及最後達到的最低點，都還是有小小的移動範圍，你可以刻意把膝關節往前推，也可以刻意把臀部往後推。低槓式背蹲舉可以將臀部向後推得最遠，所以也是膝關節壓力最小的一種深蹲，除此之外，臀部向後推的同時，更有利於讓腿後肌用力，這是因爲腿後肌大部分的肌群同時跨越了髖關節和膝關節，屈膝少、屈髖多時，腿後肌繃得最緊，最適合用力，在前抱式深蹲、前蹲舉甚至是高槓式深蹲，這種效果就比較不明顯，尤其是前抱式深蹲和前蹲舉，腿後肌的參與明顯較少，膝關節的挑戰也就比較大。以下將討論幾種我們在訓練當中常用的深蹲版本。

第一至六節

深蹲系列動作介紹

前抱式深蹲

前抱式深蹲也被稱作Zercher Squat，是以早期的一位舉重選手Ed Zercher爲名，這是比較少見的動作，但卻是效益極高的動作，所謂的前抱式，指的是訓練者用類似二頭肌彎舉的姿勢，雙手在胸前互握，然後用手肘附近的部位承接槓鈴所做的深蹲。

這個動作並不容易做好，許多人在掌握技術之前，會因爲雙手感到不適而放棄，沒有得到效益。不過如果使用適當的技巧，可以大幅減輕手肘的壓迫感，如此，便可充分訓練，取得訓練效益。

做前抱式深蹲時，槓鈴位於蹲舉架上的位置比起一般蹲舉要低得許多，建議大約是訓練者的腹部高度附近，再依個人身材比例調整。（圖4-1-1）槓鈴調整到適當高度之後，接下來要用安全的姿勢取槓。取槓時，訓練者的腳站在槓鈴正下方，身體直接貼在槓上，接著雙手從槓下穿過後，雙手互扣，再將槓鈴抱緊在上腹部前方。

這個雙手互扣的動作有幾個用意，首先，左手和右手在身體前方互扣時，等於是雙手向身體中線靠攏，此時雙手前臂會呈現斜向中線的方向，雙手互扣之後像是在腹部前方圈出一個三角形，這樣的角度增加了前臂承接槓鈴時的接觸面積，壓力的感覺比起雙手不互扣，各自指向正前方的抱槓方式要減輕許多。此外，互扣的雙手會增加穩定性，穩定性提高會增加用力的潛力，因此我們推薦使用雙手互扣的方式，這並不表示雙手不互扣就是錯誤的，只是表示當目的是用最穩定的姿勢舉起最大的重量來進行訓練時，雙手互扣的方式較能符合需求。

雙手互扣的手勢因人而異，只要能夠扣緊且順利用力就好，不過一般建議讓其中一隻手握拳，另一隻手抓握住握拳的手背，抓握的範圍涵蓋到手腕的位置，這樣可以製造非常穩定的抱槓結構，也有利於把槓鈴用力往自己的軀幹抱緊。有些人偏好用雙手十指互扣的方式抱槓，這種方法在非常用力的時候，手指可能會感到不適，而且食指互扣會讓雙手掌心相對，而不像前面提過抱拳的方式一樣，掌心對著自己。不過以上僅止於一般性的建議，抱槓鈴的手勢最終還是一句話：以個人的偏好為主。

（圖 4-1-1）前抱式深蹲動作示意圖。

1 前抱式深蹲槓鈴位於蹲舉架上的位置約為訓練者的上腹部高度附近，再依個人身材比例調整。

2 取槓時，訓練者的腳站在槓鈴正下方，身體直接貼在槓上，接著雙手從槓下穿過後，雙手互扣，再將槓鈴抱緊在上腹部前方。

3 雙手互扣的手勢因人而異，只要能夠扣緊且順利用力就好，不過一般建議讓其中一隻手握拳，另一隻手抓握住握拳的手背，抓握的範圍涵蓋到手腕的位置。

抱槓的姿勢完成之後，接下來就要把槓鈴從蹲舉架取下。取槓的先決條件是要先做好呼吸法鞏固核心，就像任何深蹲一樣，槓鈴不會等你準備好要蹲了才變重，當槓鈴從蹲舉架上取下來的那一刻，身體就承接了整枝槓鈴的重量，所以鞏固脊椎的呼吸法必須在此刻之前就先建立，才能夠保護脊椎負重過程的安全。在接近極限重量的時候，如果沒有先做好呼吸法，甚至有可能連起槓都有困難。除此之外，因爲前抱式深蹲的槓鈴直接橫在軀幹正前方，所以等於是壓迫了姿勢肌群，姿勢肌群需要非常用力做等長收縮，才能維持核心肌群的剛性，而又因爲姿勢肌群也包含了大量的呼吸肌群，所以前抱式深蹲的一個特殊挑戰，就是呼吸的阻力特別大。一般在做背蹲舉的時候，從蹲舉架上將槓鈴背起之後，會有片刻調整呼吸的時候，因爲此時槓鈴位於背後肩膀上，呼吸肌群還有一些有限的空間可以調整，訓練者可以調整到感覺最佳的狀態再開始深蹲。做前抱式深蹲的時候，因爲呼吸肌群直接受到槓鈴壓迫，所以在操作接近極限重量的高強度區時，起槓後如果想要調整呼吸，很可能會發生可以吐氣卻無法吸氣的窘境，或至少吸氣的動作會變得備感艱辛，有時甚至會因爲吸氣過程花掉太多力氣，導致深蹲失敗。因此，高強度的前抱式深蹲訓練，起槓時就應該要先調整成最佳狀態，起槓後則須把握時間完成動作。

起槓之後，接下來要後退至實際深蹲的位置，因爲起槓時槓鈴只是從蹲舉架的掛鉤垂直上升，如果不後退直接下蹲，槓鈴還是會回到掛鉤。這看似常理的資訊之所以有必要解釋，是要說明後退的主要目的是避開掛鉤的干擾，所以無須刻意規定後退的距離，只要可以順利避開當時所使用的掛鉤，又還在保護槓可以有效保護的範圍內，則在這個範圍裡任何後退的距離其實都是可行的，但爲了幫助初學者簡化，避免無所適從，通常會建議讓槓鈴剛好位於保護槓的正中間。穩定的前抱式深蹲姿勢，通常槓鈴會自動對齊腳掌心，因爲槓鈴偏離腳掌心時，無論向前或向後，時常會讓動作變得困難，因此讓槓鈴對準保護槓正中間，也等於讓訓練者的腳掌心連線對齊保護槓的正中間。後退的腳步儘量精簡，行走很多步可能會浪費一些力氣，影響訓練效果，尤其是當重量很重時，呼吸法可以維持的時間有限，如果係著眼於負重行走的效益，其實可以另外設計負重行走的項目，讓前抱式深蹲的訓練儘量集中於前抱式深蹲本身。因此，建議後退的腳步「儘量」可在三步內完成（第一步讓第一腳後退，第二步讓另一腳後退，第三步讓兩隻腳對齊，一共三步。如果第二步就已經對齊，第三步可以省略）。

前抱式深蹲的槓鈴位於上腹部前方，所以槓鈴對齊腳掌心時，身體是非常直立的，直體的現象在重量很重時尤其明顯，有些人甚至會有想要微微向後仰的傾象，不過向後仰有可能導致下蹲過程向後失去平衡，而這是非常危險的，應該避免。下蹲之前，再次確定鞏固核心的壓力夠飽夠足，接下來就可以推髖向後，並且順勢屈膝往下蹲。（圖 4-1-2）

（圖4-1-2）前抱式深蹲注意事項。

前抱式深蹲的槓鈴位於腹部前方，所以槓鈴對齊腳掌心時，身體是非常直立的。

前抱式深蹲的槓鈴位於身體前側，所以下蹲的過程軀幹前傾的角度很少，整體而言呈現出來的是一個軀幹面對正前方的深蹲姿勢。

由於前抱式深蹲的槓鈴位於身體前側，所以下蹲的過程軀幹前傾的角度很少，而相對於背蹲舉，下肢的三關節動作展現出來的，是明顯的屈膝動作和較少的屈髖動作，由於屈膝幅度較大，所以足背屈的程度也較大，整體而言呈現出來的是一個軀幹面對正前方的深蹲姿勢，類似前蹲舉。蹲到最低點會有一個「反彈」的機會，是否充分利用這個反彈力，要看訓練者的訓練目的，如果訓練係著眼於純粹的肌肉力量，則減低反彈甚至是靜態啟動，會有助於肌肉在無反彈助力的情況下接受直接的考驗，如果訓練係著眼於善用肌肉的伸展收縮循環（SSC），則可以在動作完善的情況下充分借用反彈力量，讓肌肉收縮的力量與反彈力量充分結合，在適當的時機將肌肉力量和反彈力同步，可以獲得最大的力量表現。

完成動作以後，最後的任務就是將槓鈴安全地放回蹲舉架的掛鉤上，這個過程看似簡單，其實也有訣竅。除非有其他特殊的原因，否則訓練者絕大多數都是以面對蹲舉架的方向進行訓練，這是因爲蹲舉完成時一定比剛開始的時候疲累，疲累的時候如果還需要做出倒退動作，把槓鈴掛回連眼角餘光都難以觸及的掛鉤上，則出錯的機率顯然比較大，因此，向前掛槓會是比較有把握的選項。訓練者掛槓時無需對準掛鉤的高度，只需要把槓朝向掛鉤高度以上的任何一點，直行不轉彎地直直走向蹲舉架，槓鈴就可以直接碰到直柱或是掛鉤本體的垂直部分，接著只要往正下方滑下去就可以讓槓鈴被掛鉤接住。刻意對準掛鉤有些時候反而比較容易錯過，畢竟沈重的負荷不容易精準移動，因此瞄準一個較大的範圍（直柱）會比尋找剛好掛上掛鉤的位置要容易得多。當槓鈴安全地被掛鉤承接住之後，動作正式結束。這個把槓鈴放回蹲舉架的過程，在其他使用槓鈴的動作通常也適用。

前抱式深蹲算是上肢關節活動度需求較低的一個版本，相較於前蹲舉和背蹲舉，前抱式深蹲的上肢毋須作出任何接近活動度極限的動作，下肢部分比較有挑戰性的大概只有踝關節活動度。前抱式深蹲的最低點，因爲槓鈴抱在腹部前方，槓鈴又位於腳掌心正上方，所以軀幹的合理位置接近垂直，深蹲的過程中達到相同高度時，屈髖幅度越小，屈膝的幅度就越大；屈膝幅度越大，膝關節就往前推得越遠。要維持這樣的姿勢下蹲，踝關節足背屈的幅度就要更大，踝關節活動度不足的學員可能會感覺重心開始偏向腳尖方向，甚至有些人會不由自主地出現踮腳尖的動作。不過，調整踝關節活動度是相對容易的，一般來說，短短幾分鐘的踝關節動態伸展就會有顯著的改進。如果穿著舉重鞋做訓練，因爲足跟墊高的關係，踝關節活動度的需求會降低一些，這通常會讓動作變得較爲穩固且容易操作。

由於前抱式深蹲的雙手在身體前方，所以核心呼吸法當中的「壓胸夾背」姿勢會與背蹲舉有所不同，重量在身體前方，因此「壓胸」動作相對容易，甚至會自然形成，尤其是在重量不輕的情況下，在這個姿勢下通常不需要擔心過度挺胸。不過，夾背就相對困難，夾背的姿勢需要肩胛骨往腰椎方向靠攏，不過因爲前抱式深蹲的雙手擺在身體前方，肩胛骨其實是向左右「拉開」的，這時只能夠儘量收攏，但這個收攏有可能會成爲整體動作中較弱的環節，肩胛骨無法收攏，訓練者就需要靠自己上背的肌力用力繃緊，這個地方如果力量不足，會影響胸椎的穩定性，嚴重時可能導致上背發生駝背。有趣的是，上背的駝背未必會導致下背的駝背，而相對於下背來說，上背其實在這方面的容錯空間稍微大一點，所以有些時候會看到某些訓練者即使上背已經微微駝背，但仍能完成動作。這雖然不會有立即的風險，但是如果不加以控制，有可能會逐漸牽動腰椎，所以仍然建議避免。

前抱式深蹲由於軀幹比較直立，膝關節前推較遠，因此相較於低槓式背蹲舉，腿後肌較不容易用力，但又由於槓鈴貼近重心，所以又比其他蹲舉的版本要容易掌握重量，因此在長期訓練後，通常前抱式深蹲的最大肌力只會略小於低槓式背蹲舉，跟高槓式背蹲舉的差異可能不大，且會顯著高於前蹲舉。一些人的前抱式深蹲最大肌力會受限於手肘的不適，這可以用護具或是軟墊來輔助，手肘不適減輕後通常重量會再增加。而其壓迫呼吸肌群的特性，特別適合身體接觸型的技擊運動員、軍警消等戰術體能人員，以及負重較爲多元的大力士比賽選手。

最後值得一提的是，所有使用槓鈴的蹲舉動作，都應該在有保護槓的蹲舉架內實施，以策安全，尤其像是前抱式深蹲或前蹲舉這類槓鈴在前的動作，不易用人力協助保護，保護槓的功能格外重要。

前蹲舉

相較於前抱式深蹲，前蹲舉是一個大家比較熟悉動作，其中一個原因可能是因爲奧林匹克式舉重的挺舉動作中，會先經過一次全蹲上膊（把槓鈴從地上拉起，經過爆發式的高拉後，迅速下蹲並將槓鈴承接在胸前肩膀上的動作），然後從這個槓鈴架在肩膀前側的全蹲姿勢站起，這個站起的過程就是前蹲舉。前蹲舉的槓鈴位在前三角肌平台上，這是人體特別堅固的部位，具有先天的負重潛力。槓鈴橫過前三角肌平台，接觸上胸鎖骨部位，同時緊貼在頸部前方（因此亦有人稱爲頸前深蹲），總而言之，槓鈴的重量是由前三角肌平台來承擔，而不是由雙手來承擔，即便放開雙手，槓鈴也應該要停留在相同的位置。（圖 4-2-1）

雙手握槓的部位係由上肢的關節活動度和肢段比例來決定，無需要求每個人都抓握在槓鈴上相同的位置，這點有必要更深入說明。由於前蹲舉是舉重領域的動作，過去許多教練或選手在做前蹲舉或是上膊之前，都會先伸出大拇指，讓大拇指尖對齊槓鈴中段的光滑部位，然後才收回大拇指去抓握槓鈴，這樣的過程讓許多學習者以爲這是抓握槓鈴唯一正確的位置，但實際上只是因爲，舉重是一個受身材比例影響極大的項目，肢段比例影響了力矩，力矩影響了成績，因此最終能在舉重比賽脫穎而出的選手，通常都具有某種特別有效率的肢段比例，所以同質性相對較高，許多爆發力非常強的運動員（如職業籃球選手、美式足球選手、短跑選手、跳高選手或格鬥選手等）無法在抓舉、挺舉等動作展現出優異的成績，並不是因爲他們爆發力不佳，而是肢段比例的關係。而握槓的方式其實與肢段比例有關，肌力體能訓練的目的是爲了提升所有人的人體運動能力，所以會接觸各種肢段比例的訓練者，因此教學時應該要選擇適合學員身材比例的姿勢，而不是模仿舉重選手的姿勢。

如何找到適合個人的握槓位置呢？如前所述，這要從關節活動度和肢段比例來判斷，比較複雜的是，這兩個因素當中，關節活動度是可變因素，而肢段比例是不可變因素，讓我們先從可變因素開始討論。前蹲舉的架槓姿勢與肩關節、肘關節和腕關節的活動度有關，上肢這三個部位的活動度不足，以及手肘無法向前抬得夠高時，可能會影響前三角肌平台的結

（圖 4-2-1）前蹲舉槓鈴承接位置示意圖。

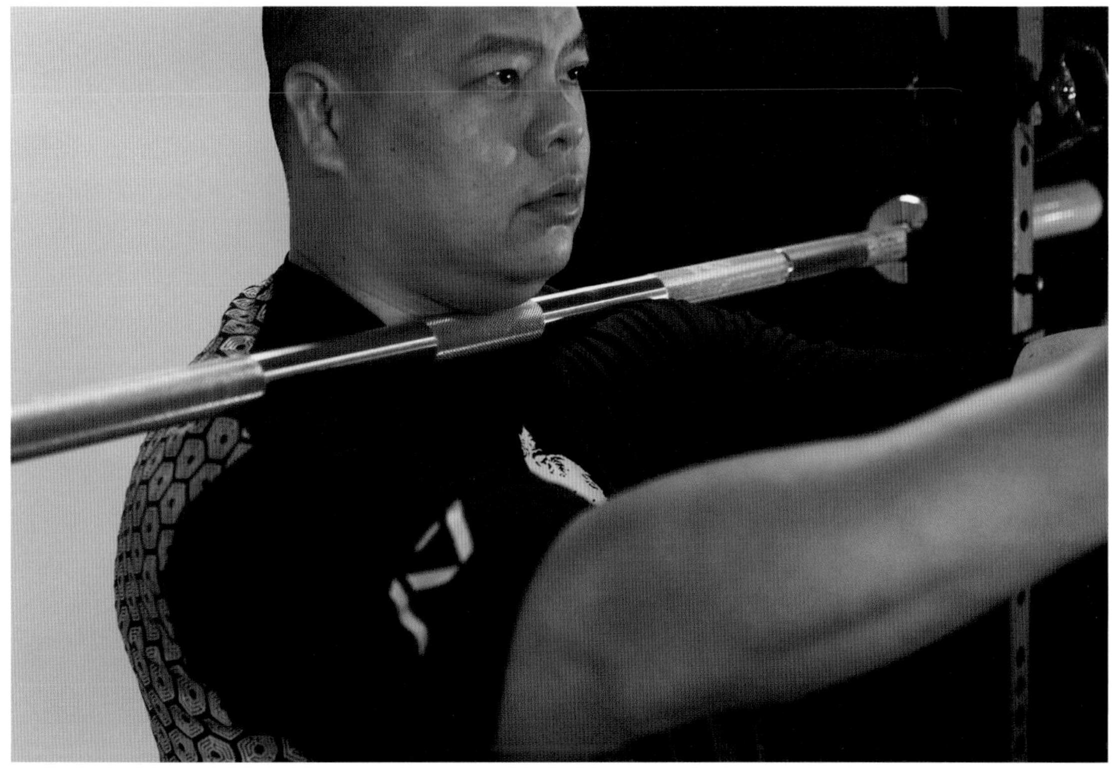

前蹲舉時，槓鈴的重量是由前三角肌平台來承擔，而不是雙手。

構，導致前三角肌平台無法順利乘載槓鈴的重量。雖然手肘不是抬得越高越好，也未必每個人都要抬到水平線，但至少要讓前三角肌平台可以乘載槓鈴。如果前三角肌平台無法順利出現，調整肩關節、肘關節和腕關節的活動度通常會有所幫助。手臂的姿勢與整體蹲姿的關係密切，如同前面提到的「反射回饋、相鄰代償」現象，當肩關節活動度不足，但人體又想勉強承接住槓鈴時，可能會刻意故意過度挺胸，進而影響核心穩定性，提高腰痛的風險。

調整的方法可以使用靜態伸展或是滾筒、按摩球或甚至槓鈴、壺鈴等重物，在前臂、肩膀、三頭肌和闊背肌肌腹等處來回滾動壓迫，過程可能會有程度不等的痛感，需適量爲之。伸展手腕關節時，需要合併考量專項運動的需求，許多專項運動如棒球、持拍項目或格鬥技擊項目等，手腕的活動度或穩定性直接關係到技術的發揮，伸展手腕可能會影響技術，這部分需要視個案進行。如果腕關節活動度不足，但又不適合伸展手腕，則做前蹲舉時可以選擇雙手向前舉直的「直臂前蹲」（又稱爲殭屍深蹲），或是雙臂交叉於胸前的「交叉手前蹲」（圖 4-2-2）。值得一提的是，關節活動度雖然可以調整，但是也要注意個別差異，有些關節活動度的限制不是因爲軟組織太「緊」，而是骨骼本身具有的活動度已經到達極限，此時就

(圖4-2-2)直臂前蹲舉與交叉手前蹲示意圖。

如果腕關節活動度不足，但又不適合伸展手腕，則做前蹲舉時可以選擇雙手向前舉直的「直臂前蹲」(又稱爲殭屍深蹲)，或是雙臂交叉於胸前的「交叉手前蹲」。

不應繼續伸展。

上肢的肢段比例是另一個影響握槓的因素，而這個因素是無法修改的，我們可以把這個問題視爲一個簡單的幾何習題。我們先假設目前已經沒有活動度或柔軟度的問題，則前蹲舉的時候，雙手與槓會各自構成一個三角形，三角形的三個角，分別是「前三角肌平台」、「肘關節」和握槓的「手掌心」，而三角形的三個邊是「上臂」、「前臂」和「槓鈴的一小段」（雖然前臂和手掌心之間還經過了腕關節，但是在排除腕關節活動度的問題後，這個部分可暫時忽略）。從這個簡化的習題可以看出來，握槓的位置影響到的其實就是肩膀前三角肌平台到手掌心之間的距離，而這段距離其實是由上臂與前臂的長度比所決定的，換言之，上臂與前臂的長度越接近，肘關節的夾角可以越小，握槓的手掌心與乘載槓鈴的前三角肌平台的距離則可以越近。許多肘關節活動度非常「鬆」的學員，如果上臂和前臂的長度相近，幾乎可以把手背貼在前三角肌平台上，當然我們不會這樣負重，通常會刻意讓學員的握槓位置比肩膀稍微寬一些，讓接槓姿勢時的手掌往身體外側移出去一點，讓手掌位於肩膀外側，不要重疊卽可。但並不是所有人的肢段比例都相同，另一種常見的身體形態是，上臂的長度較短，前臂較長，此時如果硬要握槓在比肩膀略寬的位置，則做出接槓姿勢時的手掌心可能會向後超過肩膀的前三角肌平台，這會讓頸前接槓的姿勢變成不太可能發生，因此，上臂短而前臂長的學員，可以選擇較寬的握槓方式。

決定好握槓寬度之後，接下來要探討用怎樣的手法握槓。柔軟度非常好的人通常不覺得這是個問題，因爲就算直接用手掌滿握住槓鈴，也可以輕鬆完成頸前架槓姿勢，不過並非所有人都有這樣的條件，許多人如果用手掌滿握，就無法穩定地把槓放在前三角肌平台，必須張開手心，用開掌的方式接觸槓鈴，嚴格說起來這已經不能稱之爲握槓，不過因爲槓鈴的重量主要是由前三角肌平台來支撐，換言之，重量是壓在軀幹上，而非手上，所以雙手的功能其實是幫助提供一些穩定性，讓槓鈴更容易固定在原位（正因爲如此，其實雙手完全不握槓的前蹲舉動作是存在的，前面提到的直臂深蹲就是例子）。

既然雙手只用來提供穩定性，就有不只一種方式可以使用。一般來說，除了雙手滿握之外，我們另外推薦兩種握槓方式，第一種是開握式，也就是手掌張開，用手指的前二指節兜住槓鈴，使用這種方法的時候建議至少有三隻手指接觸到槓鈴（食指、中指、無名指）。這樣的建議背後的道理很簡單，有三隻手指接觸槓鈴時，如果動作過程中不小心滑掉一隻，至少還有兩隻手指，還有部分的穩定性可以及時穩住槓鈴，讓學員有機會安全地把槓鈴放回蹲舉架，如果場地許可的話也可以向前棄槓；如果使用開握，一開始就只有兩隻手指接觸槓鈴，若滑掉一隻手指，剩下一隻手指可能無法有足夠的力量穩住槓鈴。

另一種方式就真的可以只使用兩隻手指，這種方式是使用食指和中指去「圈握」住槓鈴。這種方式與開握截然不同，手指不再只是用前二指節兜住槓鈴，而是像鷹爪鉤一樣整個圈住槓鈴，因爲只使用食指和中指，所以不需要有很大的腕關節活動度，上肢就可以有不錯的活動空間，這讓上肢活動度不足的學員有另一個選擇。不過，這種二指圈握的方式僅適用於有蹲舉架的時候，如果係將槓鈴用上膊的方式舉到胸前，則通常會以滿握或開握的方式進行前蹲舉。（圖4-2-3）

（圖4-2-3）前蹲舉3種握槓方式。

前蹲舉推薦的三種握槓方式，分別爲滿握、開握與圈握。

假設是在蹲舉架裡進行前蹲舉訓練，決定好握槓位置及手法之後，接下來就可以起槓。起槓時，訓練者先微蹲至肩膀略低於槓鈴的位置，雙腳踏在槓鈴正下方的地板上，調整姿勢讓前三角肌平台承接槓鈴，接著做好呼吸法，然後用全身力量撐起槓鈴。前蹲舉的呼吸法與前抱式深蹲一樣，當槓鈴位於身體前側時，「壓胸夾背」的「壓胸」通常不是問題，但因爲雙手位於身體的前側，所以在做「夾背」的動作時，沒有辦法真的將肩胛骨往內夾到底，因此需要訓練者主動用力去盡可能固定，如果無法有效固定夾背的姿勢，有可能跟前抱式深蹲一樣發生上背駝背的問題。當呼吸法做足，就可以起槓，然後儘量在三步內退到正式要蹲的位置。

前蹲舉雖然與前抱式深蹲一樣，槓鈴位於身體前側，不過因爲槓鈴不像前抱式深蹲一樣直接壓迫在腹部，呼吸的空間比前抱式深蹲大一些。這樣一來，起槓且就定位後，還有一點調整呼吸的餘裕，這個時候通常可以有限度的吐氣換氣，然後重新做一次「吸氣閉氣，壓胸夾背，扭地夾臀」的動作，鞏固核心到最穩定的狀態，再開始下蹲。下蹲的過程中，保持槓鈴對準腳掌心，臀部略爲往後推，但軀幹仍然概略保持垂直姿勢。臀部往後推的動作雖然細微，但是蹲到最低點的時候已經比真正的垂直線前傾了不少，此時要持續將手肘往前抬高，以免前三角肌平台變成一個斜坡，通常如果在前蹲舉的低點覺得「手上」的重量越來越重，很可能是因爲前三角肌平台已經傾斜，使原先只需要幫助穩定的雙手，開始真的承接部分的槓鈴重量，這樣的狀況要透過學習去儘量避免。與前抱式深蹲相同的是，蹲到最低點時，會有一個「反彈」的機會，而是否要充分利用這個反彈力，要看訓練者的訓練目的和需求。

因爲軀幹較爲垂直的關係，髖關節屈曲的角度較少，膝關節屈曲的角度較多，蹲到最低點時，踝關節會有較多的背屈動作，這些情形與前抱式深蹲類似。踝關節活動度不足的學員可以先進行一些動態伸展，打開踝關節活動度，或是穿著舉重鞋來幫助減少踝關節的壓力。到了最低點，便可循著原路徑上升，回到最高點。（圖 4-2-4）

（圖 4-2-4）前蹲舉的動作流程。

呼吸方式主要是個人的偏好，方法不止一種，不過為了讓初學者不要無所適從，最好設定一種簡單的方式讓學員學習，待日後熟練後再自行修改。原則上為了維持核心穩定性，初期吸氣閉氣之後，會建議一直憋著氣，直到蹲到底又站起來，回到「最高點」，或至少過了上升過程感到最困難的「障礙點」之後，再開始吐氣並準備換氣。練習連續多次前蹲舉動作時，可以依此要領循環操作。動作完成時，就可以向前走，將槓鈴掛回蹲舉架的掛鉤上。

探討完前蹲舉，接下來要探討背蹲舉。

背蹲舉

背蹲舉依照槓鈴的位置，可以分爲低槓式、中槓式和高槓式，在我們的教學系統裡，低槓式背蹲舉的槓鈴位於後三角肌平台上，所謂的後三角肌平台，指的是雙手做出背槓姿勢時，肩膀後方的三角肌出現平台狀的結構；高槓式背蹲舉的槓位於斜方肌上；中槓式則是任何介於高槓式和低槓式之間的位置。一般來說，不建議將槓鈴置於任何低於後三角肌平台的位置，這並不表示低於後三角肌平台就不可能背負槓鈴，而是隨著槓鈴的位置越低，雙手的負擔就越大，可能會對肩關節、肘關節和腕關節造成額外的壓力。（圖 4-3-1）

背蹲舉教學時建議從低槓式背蹲舉開始教學，如果學習者可以順利做出低槓式背蹲舉的動作，則中槓式和高槓式通常幾乎不需要額外的教學，只需要一點時間的熟練就可以學會。以下將分步驟說明低槓式背蹲舉的教學方法。

背蹲舉的關節活動度準備

背蹲舉需要具備夠多的肩關節和下肢關節活動度，肩關節活動度不足的訓練者，可能會因爲無法順利背槓而過度挺胸，過度挺胸容易改變核心的桶狀結構，減低核心壓力，如果過度挺胸的現象一路延伸到過度挺腰（hyper-extension），會直接變成危險的蹲舉姿勢。核心壓力減低可能會讓訓練者在對抗重量的時候無法鞏固腰椎，提高受傷的風險；如果腰椎一開始便擺出過度伸展的姿勢，偏離中立脊椎姿勢，則根本不適合負重。對脊椎來說，過度挺腰跟駝背一樣不好，都是脊椎前後壓力不均等的姿勢，許多訓練者知道要避免駝背，卻對過度挺腰毫不設防，教練應注意並提醒。因此，爲了避免肩關節活動度不足，引發軀幹姿勢改變的連鎖反應，訓練前應先檢查肩關節活動度，必要時應施予矯正。

（圖4-3-1）高槓式、低槓式與中槓式示意圖。

背蹲舉依照槓鈴的位置可以分爲高槓式、低槓式和中槓式。

背蹲舉肩關節活動度的檢驗方式有幾種，直接背槓當然是選項之一，不過對槓鈴很陌生或是肩關節活動度真的很小的訓練者，可能連試著背槓都不太容易，因此通常會先採取不背槓的方式。不背槓的肩關節活動度檢驗方式之一，是讓訓練者仰臥在地面上，雙腳可屈膝或打直，只要維持中立脊椎姿勢即可（此時下背與地面之間，會有一個小小的空間，概略等於學員自己的手掌厚度，因此可以讓學員把手放在下背和地板之間測試一下，如果發現空間太大，表示有過度挺腰的情形；如果手根本塞不進去，應該是有駝背的現象，若有這些情形應先行調整姿勢）。接著，在盡可能夾緊腋下的情況下，將肩關節外旋至手腕的背後碰地，此時手掌概略與肩同高。（圖4-3-2）做這個姿勢的時候要注意，許多肩關節活動度不足的訓練者會無意識的挺高自己的胸部，增加手腕背面碰地的機會，這等於是一種姿勢代償，應要求訓練者回到中立脊椎姿勢之後，再進行肩關節活動度檢測。

（圖4-3-2）肩關節活動度檢驗方式：

1 讓訓練者仰臥在地面上，雙腳可屈膝或打直，只要維持中立脊椎姿勢即可。
讓學員把手放在下背和地板之間測試一下，如果發現空間太大，表示有過度挺腰的情形。
如果手根本塞不進去，應該是有駝背的現象，若有這些情形應先行調整姿勢。

2 在盡可能夾緊腋下的情況下，將肩關節外旋至手腕的背後碰地，此時手掌概略與肩同高。

肩關節活動度不足時，首先要檢查呼吸的模式。訓練者有可能是因爲習慣性的呼吸模式失調，導致上胸和肩背部位肌群相當緊繃，因此顯現出肩膀僵硬的現象，此時調整爲水平的環狀式呼吸法，通常可以降低一些原先過於緊繃的現象。此外，也可以檢查胸椎的姿勢，如果胸椎習慣性地呈現駝背姿勢，會影響肩胛位置，進而影響肩關節活動度。

如果呼吸法暫時沒問題，胸椎姿勢也正確，但肩關節活動度仍然不足，可以採用滾壓放鬆、靜態伸展或是微阻力訓練的方式矯正。靜態伸展也是以類似的神經抑制方式幫助肌肉放鬆，但其副作用是放鬆過後，被放鬆的肌肉力量會降低，不過，對於深蹲動作裡的肩關節來說，因爲並非主要的發力肌群，使用靜態伸展打開活動度的做法並沒有明顯不妥。微阻力訓練的方式可用來矯正比較不嚴重的活動度問題，訓練者可以將細彈力帶固定在前方的牆上或蹲舉架上，雙手拉緊彈力帶，達到背槓姿勢的手位置附近，來來回回的做小幅度的動作，激發身體自己用力將肩胛骨和肩關節拉向正確方向的效果。（圖4-3-3）這些措施可以在正式進行深蹲訓練前先做好，以避免深蹲過程中因爲肩膀太緊導致背槓困難。

（圖4-3-3）微阻力訓練活動度矯正範例。

微阻力訓練的方式可用來矯正比較不嚴重的活動度問題。
將細彈力帶固定在前方的牆上或蹲舉架上，雙手拉緊彈力帶，達到背槓姿勢的手位置附近，來來回回的做小幅度的動作，激發身體自己用力將肩胛骨和肩關節拉向正確方向的效果。

下肢關節活動度是另一個常見的問題，其中容易發生活動度不足的地方在髖關節和踝關節，深蹲過程中，髖關節必須有足夠的活動度，才可以順利的深蹲至大腿低於水平線的深度，而從經驗上得知，這個標準在背蹲舉過程中做起來會比前蹲舉和前抱式深蹲要困難一些。所謂的大腿低於水平線，指的是髖關節恰好低於髕骨上緣的深度，這是深蹲肌力訓練效益極大化的一刻，比這個更低的深蹲，增加的效果會越來越偏向動作控制。對於需要非常低姿勢，或是需要大幅度屈髖的競技運動項目可能較爲重要，但若單就純粹的肌力訓練而言，大腿過水平線的那一刻，已經取得了絕大多數的效益。

缺乏髖關節活動度的訓練者，可能會在蹲到大腿過水平線之前就「卡住」，若要強行蹲下，可能會引發骨盆後翻，使得腰椎部位出現駝背現象。若發生這樣的問題，通常須先判斷髖關節活動度不足，是因骨骼型態造成的，還是單純軟組織緊繃所造成，抑或是沒做好核心呼吸法造成的。

骨骼型態方面，人與人之間髖關節的個別差異很大，有些人可以用雙膝對著正前方的姿勢深蹲到底，有些人則必須要將雙膝各自指向斜前方才能順利蹲下。這是先天的個別差異，且問題在於骨骼型態，因此伸展或放鬆無法改變，但可以藉由調整站姿，找到適合個人的蹲法。站姿方面有「雙腳寬度」和「膝蓋與腳尖的方向」這兩部分可以調整。經過幾次嘗試之後，通常都可以找到適當的站寬和腳尖方向。（圖4-3-4）

（圖4-3-4）深蹲站姿示意圖。

深蹲站姿有「雙腳寬度」和「膝蓋與腳尖的方向」這兩部分可以調整。

軟組織方面的因素，指的是當雙腳已站了適當的寬度，腳尖也指向適合髖關節屈曲的方向，但是蹲下去時仍然因爲臀部或腿後的緊繃，導致在蹲到大腿低於水平線之前，活動度就已經「用完」，繼續下蹲時無法再屈髖，因而引發骨盆後翻和駝背的連鎖反應，此時就有可能是軟組織的問題。軟組織的問題還可以細分爲兩類，一類是核心穩定性不足所導致的連鎖反應，一類是純粹軟組織過緊。

核心穩定性不足所導致的連鎖反應，指的是人體動作控制當中「反射回饋，相鄰代償」的現象，亦即當核心穩定性不足，無法鞏固中立脊椎姿勢時，人體會因爲脊椎的穩定和安全受到威脅，而將附近關節的活動度鎖住，試圖以僵硬取代穩定，這種時候就會發現髖關節活動度不足。針對這樣的情形，一些關於中軸穩定性的訓練，例如呼吸法練習、平板式支撐、中低負荷的負重行走等，都可以喚醒核心穩定性。當核心穩定性足以在深蹲動作中維持脊椎中立姿勢時，就會釋放出髖關節活動度。

如果中軸穩定性不是問題，純粹只是軟組織過緊，例如腿後肌、臀肌之類的肌群出現不明原因的緊繃，可能會導致髖關節缺乏屈曲方向的活動度，這個時候，一些不同類型的伸展通常可以解決問題。這些伸展包括：靜態伸展、動態伸展和負重伸展。

實際訓練的情境裡，許多時候並不容易一眼看出訓練者是哪一種型態的髖關節活動度不足，而誤判狀況可能會導致選擇了錯誤的解決方式，例如面對髖關節骨骼型態的問題，卻使用靜態伸展，可能造成坐在地上伸展了老半天，起來練蹲的時候問題仍然沒有解決，還是一直駝背。因此骨骼型態的檢驗通常會先做，問題是，如果此時也伴隨著核心穩定性不足的問題，則可能即使換了好多種腳步的寬度，換了好幾個腳尖的方向，卻仍然一直得到駝背的結果。這是因爲核心穩定性不足，導致身體稍微屈髖就開始駝背，使得髖關節活動度與腰椎穩定性不足，變成一個不斷發生交互作用的惡性循環。

此時實務上可行的做法，是使用「俯臥蹲姿」的方式來尋找適當的髖關節活動度，（圖4-3-5）人在俯臥時，腰椎穩定性的需求比站姿低，腰椎不會感到穩定性不足，就不會反射性的鎖髖關節，因此，在俯臥的姿勢下，來回做屈膝屈髖的動作，模擬深蹲的姿勢，然後再經由多次調整雙腳或雙膝的寬度和方向，去尋找可以讓大腿蹲過水平線且脊椎可以保持中立的適當腳步選項，這樣就可以先排除腳步寬度和腳尖方向的問題。

排除了腳步寬度和腳尖方向的問題之後，接下來就可以單純處理軟組織的問題。前面提到，如果此時已經確定不是髖關節骨骼型態的問題，但是從站姿蹲下仍然會發生骨盆後翻和駝背的現象，則應考慮核心穩定性和髖關節活動度兩方面的問題。

核心穩定性方面，如前所述，需要從呼吸法和姿勢肌群下手，對於身體尚稱健康的訓練者來說，學會核心呼吸法（吸氣閉氣、壓胸夾背，扭地夾臀）很可能就已經解決核心穩定性

（圖4-3-5）俯臥蹲姿示意圖。

實務上，評估髖關節活動度的可行做法，是使用「俯臥蹲姿」。

的問題，不過如果訓練者的肌肉量很低或是肌力很弱，包括姿勢肌群都很弱，弱到無法在操作核心呼吸法時凝聚至足以撐住脊椎中立姿勢，則此時可能要再退一步，從核心肌群的肌力訓練開始。

核心肌群的肌力訓練不是腹肌訓練，更不是一大堆的仰臥起坐。仰臥起坐的過程中，脊椎會不停地改變姿勢，除了可能傷害脊椎之外，訓練出來的用力方式也非穩定脊椎時的用力方式，而且核心肌群也不是只有腹肌。人體腹腔上至橫膈膜，下至骨盆底，以及環繞著腹背的所有肌群，都是訓練的目標。因此，尋找一個或一些能夠刺激這些肌群做強力等長收縮的動作，是解決問題的適當工具。針對這樣的問題，常見的選項是各種方向的平板式支撐（俯臥、仰臥、側臥），以及各種形式的負重行走（單邊或雙邊的負重行走，其中雙邊的負重行走可以使用對稱或不對稱的重量）。這樣的肌群訓練可以讓訓練者建立呼吸法所需的姿勢力量，具備基礎力量後，就可以結合呼吸法的訓練，逐漸提高對身體的控制能力。

如果髖關節骨骼型態以及核心穩定性的問題已經解決，深蹲時仍然發生髖關節活動度的問題，則針對軟組織進行伸展是可行的做法。有效的伸展方式包括靜態伸展、動態伸展和負重伸展。靜態伸展指的是將想要伸展的肌群，拉長至特定的動作幅度，並且在動作終點停留一小段時間（例如10~30秒）的伸展方式；動態伸展指的是用特定動作，將肌肉伸展到想要的長度，然後隨即就放鬆回自然長度，通常會反覆操作數次；負重伸展則是在有體外負重（通常是中低強度的負荷）的情況下，先用呼吸法鞏固核心，然後先將訓練的動作幅度設定在目前活動度所允許的最低點，經過一段時間的練習後，再逐漸向下探索新的動作幅度，也就是在不增加體外負重的情況下，以動作幅度爲訓練進步的指標。

這三種伸展方式的機制不同，產生的效果也略有差異。靜態伸展可以直接解決活動度不足的問題，但也可能導致肌肉的收縮速度和力量暫時降低，這是因爲伸展的過程中，同時也調降了神經系統對肌肉的徵召力，因此除非已經沒有其他選項，通常不會選擇靜態伸展。動態伸展指的是利用動作的過程來伸展，且一個關節的活動度可能可以使用許多不同動作來伸展。以深蹲爲例，髖關節活動度不足的情況下，可以直接用徒手深蹲的方式伸展，也可以使用前抬腿的方式伸展，動作型態雖然不同，但都可以達到增加髖關節屈曲方向活動度的效果。動態伸展比較不容易造成肌力或速度降低，甚至有可能略爲提高運動表現，因此較常在運動訓練的情境中使用。

負重伸展指的是伸展過程中加入了體外負重的元素，酒杯式深蹲就是一種常見的深蹲伸展方式，初次嘗試酒杯式深蹲的人可能都會覺得很神奇，當徒手深蹲還蹲得似是而非的時候，在胸前捧著一個小重量，蹲姿居然穩定了起來，髖關節活動度也逐漸打開，對於原本髖關節活動度並沒有很差的訓練者來說，很有可能經過少量的酒杯式深蹲就自動「修好」，實務上也可能遇到髖關節活動度有問題的訓練者，捧起小重量的那一刻，髖關節像是電腦重開機一樣立即恢復到一切正常的狀態。這樣的現象背後可能的原因是，捧在胸前的小重量激發了軀幹姿勢肌群的用力，提高了核心穩定性，此時就先釋放了一些髖關節活動度，因此原本活動度沒有差太多的訓練者，會發現已經沒有問題需要解決。此時建議仍然做個三組五下的酒杯式深蹲，以鞏固這個良好的控制力，接下來就可以進行正式的深蹲訓練。（圖4-3-6）

對於髖關節活動度比較小、軟組織比較緊繃的訓練者來說，有負重的漸進式動作幅度訓練是一個好的選項。負重伸展可以讓肌肉在用力的過程進行伸展，這首先避免掉伸展完畢之後肌力反而微幅降低的現象，其次，這樣的伸展效果也比較容易成爲長期效果，因爲在負重的過程，肌群的協調性再次強化，該用力的用力，該放鬆的放鬆，該拮抗的拮抗，該協同的協同，這樣等於是在一個人體原廠內建的功能裡重建活動度，可說是成本效益上最划算的作法。

踝關節是活動度另一個重要的問題。各種深蹲變化動作所需要的踝關節活動度不同，其中以低槓式背蹲舉對踝關節活動度的需求最少，前蹲舉和前抱式深蹲對踝關節的需求最多，因此低槓式背蹲舉較少發生踝關節活動度不足的現象。踝關節活動度不足，蹲舉時容易發生踮腳尖、腳尖外轉和膝蓋內夾等幾種情形，有時候會同時發生。當深蹲下沉到某個程度時，踝關節活動度如果不足，身體會自動將膝蓋向前推，以爭取更多下蹲的深度，這等於是讓膝關節代償踝關節應該要提供的活動度。此外，踝關節缺乏的活動度是在矢狀面，也就是正前

（圖4-3-6）負重伸展其中一種範例。

酒杯式深蹲是一種常見的深蹲伸展方式。

方，因此當踝關節屈曲幅度不足，身體也可能讓腳尖外轉，使得脛骨略為倒向身體中線，這樣的話，對踝關節活動度的需求會降低。但是這樣的作法會讓膝關節朝內夾，使膝關節偏離中立位置，造成關節面壓力不均。此時如果還對膝蓋加壓，就會讓膝蓋處於非常不適合深蹲的角度。

踝關節的活動度很容易矯正，一般而言，沒有特殊病史，單純只是活動度不足的踝關節，可以藉由簡單的伸展動作達成，例如從單跪姿的姿勢將前腳膝蓋緩緩向前推，就可以達到提高踝關節在足背屈方向的活動度。這裡有個簡單的檢測方式，就是找一面牆壁，將要檢測腳的腳尖對準牆壁，腳尖距離牆壁大約半個腳掌的長度，然後在腳跟不離地的情況下，將膝蓋前推至碰到牆壁，如果可以無阻礙地完成這個動作，背蹲舉所需的踝關節活動度就已經充分具備了。（圖4-3-7）

（圖4-3-7）踝關節活動度檢測方式範例。

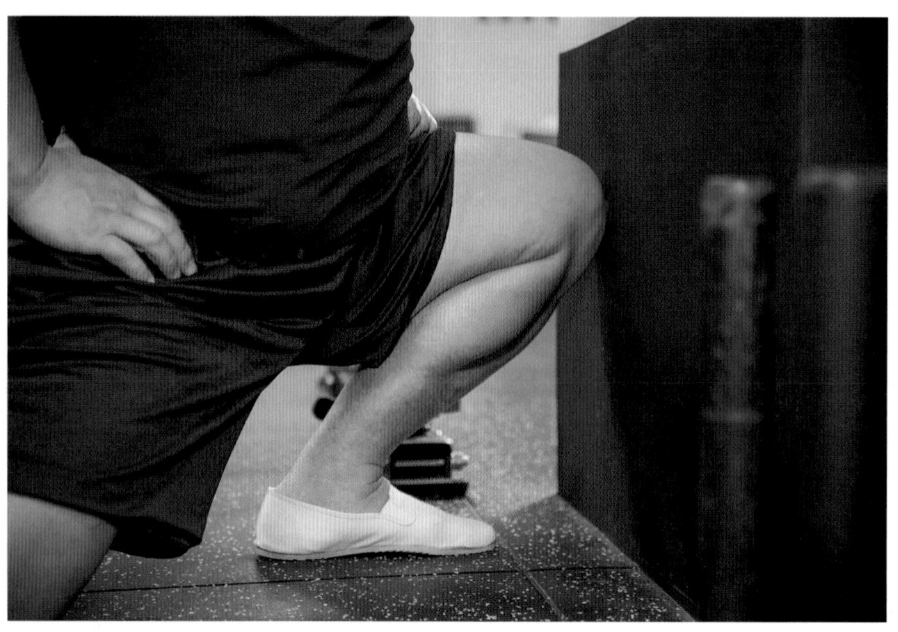

找一面牆壁，將要檢測腳的腳尖對準牆壁，腳尖距離牆壁大約半個腳掌的長度，然後在腳跟不離地的情況下，將膝蓋前推至碰到牆壁。

上述是跟深蹲相關的關節活動度問題及解法，以下將探討當關節活動度沒問題之後，應該如何進行深蹲訓練。

核心姿勢控制

「穩定性換得力量」，不穩的姿勢會提高脊椎骨或身體其他部位受傷的風險，人體的神經系統可能會爲了避免風險而降低力量輸出。因此，蹲舉過程中，軀幹最佳的姿勢是保持中立脊椎姿勢，然後用「吸氣閉氣、壓胸夾背、扭地夾臀」的方式保護脊椎，並準備發力，且背槓方式會直接影響到這些技術的實施。背蹲舉動作中，握槓的位置會決定「夾背」的鬆或緊，每個人的肩關節活動度不同，因此握槓的距離也不同。太窄的握距會鑽不進去，或即使鑽進去卻無法做出好的姿勢；太寬的握距則會根本無法把背夾緊，導致核心穩定性降低。因此訓練初期就應該嘗試各種握距，看看哪一種最適合。值得一提的是，握距不是永遠不會變的，經過一段時間的訓練之後，由於肌肉量、肌肉型態與肌肉力量改變，都會需要再微調握距，因此，與其記住最佳握距，不如引導訓練者學會判斷最佳的壓胸夾背姿勢。

檢查雙手在背槓時的握槓距離是否合適，可以從以下幾個角度來評估。首先，是壓胸夾背的姿勢，壓胸夾背的姿勢如果做對，應該會呈現肋骨往下降的姿勢，使肋骨下緣與骨盆之間的距離儘量縮短，但是，這個距離不能用駝背去換，因此肋骨往下降的同時，肩膀也要往後往下夾。此時適用的指導語就是「將肩胛骨往腰椎方向收攏」，這樣剛好可以平衡壓胸的力量，使身體保持脊椎中立的姿勢，而且隨時有調控胸腔和腹腔內壓的能力。許多人對於這個姿勢存在著誤解，認爲深蹲的姿勢應該要挺胸翹臀，要把胸口儘量抬高，但是這樣會讓核心的結構變形，更精確的說，原本壓胸夾背製造出來的桶狀核心結構，會因爲刻意的挺胸翹臀導致核心前側（腹部）拉長，後側（下背）縮短，像是被擠歪的汽水罐，這樣的結構不容易讓腹腔內壓極大化，而且過度挺腰也會讓脊椎偏離較安全的中立姿勢。

扭地夾臀時，雙腳足底三腳架抓緊地面後，藉由產生向外扭轉的力道來繃緊足弓、擺正腳踝、控制膝關節多餘的活動度，這時再夾臀，通常可以促使臀肌提高用力，同時對於骨盆習慣性位於非中立位置（前傾或後翻）的訓練者來說，夾臀的力道通常可以讓骨盆回到較爲中立的位置。骨盆的位置因爲與腰椎姿勢有高度關聯性，確保骨盆位於中立位置除了有助於幫核心加壓外，也有助於維持中立脊椎姿勢。

扭地夾臀的動作除了上述功能外，其實在背蹲舉的動作中，也扮演了將膝關節外推的功能。適度的膝關節外推，有助於提高大腿內收肌群的參與，此外，內收肌群有部分的伸髖功能，將膝關節外推，使大腿內收肌群位於適合用力的長度或緊度，有助於幫深蹲增加力量，這也等於在訓練中徵召了更多肌群參與動作。必須再次強調的是，扭地夾臀和膝蓋外推都不是越多越好，這些動作的目標是產生穩定性，而不是製造疼痛。

背槓

背蹲舉的槓最高和最低的位置是高槓位和低槓位，介於這兩者之間的位置通稱爲中槓位。高槓位係將槓背在頸後斜方肌上方，雙肩通常不會接觸到槓。這個位置所需的肩關節活動度較小，軀幹前傾較少，比較偏向「抬頭挺胸」的姿勢，也因爲軀幹前傾較少，膝關節通常比低槓式背蹲舉較爲前推，踝關節活動度需求也相對較高。低槓位是將槓鈴置於後三角肌平台，這是三角肌後部一個相對較爲水平的結構，是先天的負重位置。槓鈴位在後三角肌平台上時，雙肩和背部接觸槓的面積最大，此時會是乘載槓鈴重量最佳的姿勢。低於這個點，槓鈴不容易在背部找到可以「依靠」的位置，因此雙手會開始分擔較多的重量，這樣的姿勢可能會在手腕施加過多壓力，導致疼痛或受傷。使用低槓位時，軀幹的前傾角度相對較大，臀部後推得較遠，膝關節前推的幅度也較少。

選擇高槓位、中槓位或是低槓位，與其說是正確與否，不如說是依照需求所做的選擇。如前所述，越偏向高槓位，軀幹的前傾角度越少、越偏向直立位置，即偏向「抬頭挺胸」的姿勢；越偏向低槓位，軀幹的前傾角度越大，越偏向「面對地板」的姿勢。軀幹的角度影響了下肢的用力方式，在槓鈴對準腳掌心的大前提不變，且深蹲同樣蹲到大腿低於水平線的情況下，臀部的位置越往後，越接近所謂的「髖主導」動作；膝蓋位置越往前，越接近所謂的「膝主導」動作。一般相信髖主導型態的蹲舉，因爲臀部較爲後推，又因腿後肌多屬雙關節肌群，同時跨越了膝關節和髖關節，因此當軀幹前傾臀部後推時，腿後肌處於較緊繃的位置，較容易參與用力；至於大腿前側肌群，則因爲多屬於單關節肌群，主要以跨越膝關節爲多。因此，大腿前側與後側的肌群參與，就有了一個微妙的現象：越是偏向膝主導的深蹲型態，腿後肌的參與越少，主要是大腿前側和臀肌群參與；而越是髖主導的深蹲型態，腿後肌的參與越多，但是大腿前側和臀肌群的參與卻未必較少。這可能也解釋了爲什麼當高槓位和低槓位這兩種動作都很熟練的時候，使用低槓位舉起的重量，通常略高於高槓位。

動作流程

首先探討取槓的方式。槓鈴通常會依照身材，架在訓練者屬意的高度，這個高度有一個適當的範圍，過高會讓訓練者必須踮腳尖才能取槓，這會是一個應該要避免的問題。重量很重的時候，踮腳尖取槓的過程可能會增加難度，或是導致取槓動作不完全（例如：只有一邊離開掛鉤）。就算訓練者墊起腳尖排除萬難完成取槓動作，收槓時還是需要再面對一次相同問題，而且收槓的時候，才剛做完艱苦的負重訓練，力量和平衡感及控制力都可能比取槓的時候更糟，因此掛勾不宜過高。但是，這並不表示掛鉤越低越好，過低的掛鉤會讓取槓過程變得非常吃力，簡直像是做了一個低點啟動的半蹲訓練，這樣費力的流程，在進行大重量訓練的時候，會影響實際訓練的表現。整合以上的考量後，訓練者通常可以藉由幾次的嘗試找到適當高度，而這個高度除非器材場地有所變動，或是發生罕見的短期身高變化，否則一旦確定了適當的高度，就可以長期使用。

接下來討論呼吸法，從蹲舉架上取槓的過程就需要第一次調整呼吸，因爲槓鈴從架上取出的當下，身體就已經開始承擔整枝槓的重量，槓鈴不會等到要開始深蹲了才突然變重，所以取槓的過程就要以呼吸法保護脊椎。根據經驗，取槓時如果可以用飽滿的呼吸法乾淨俐落地背起槓鈴，後續的動作通常也會比較順利。

取槓之後會需要後退一小段距離，這個距離的長短，會依照所使用蹲舉架的尺寸而有差異，不過基本原則是盡可能精簡腳步，而且不要退至保護槓的保護範圍之外。 如同前面所述，一般尺寸的掛鉤通常可以在三步左右就退到訓練位置，只要退得位置夠遠，足以避免掛鉤成為動作過程的障礙物，同時也可以站在雙腳對稱均衡用力的位置，則取槓動作就已經完成。

接下來是第二次調氣。前面提到過，取槓的過程其實就已經需要做第一次呼吸法，以保護脊椎順利完成取槓過程，訓練者完成取槓動作後，這個背著槓鈴的站姿是另一個可以調整呼吸的時刻，此時呼吸法應致力於讓吸氣閉氣、壓胸夾背、扭地夾臀的動作更加完善。眞正開始深蹲之前，應該要取得一個飽足的核心，以確保脊椎可以得到保護，如此接下來的流程才會安全，發力也會更順利。

調氣完成後，已經藉由呼吸法鞏固住的核心，製造了高度的穩定性，此時應暫時閉氣保持這樣的狀態，然後開始下蹲。進行低槓式背蹲舉，動作啟動瞬間應將臀部向後推，同時膝關節順勢屈曲。此時新手常見的錯誤是先將膝蓋往前推，膝蓋往前推的動作，容易導致軀幹朝向後仰的方向移動，下蹲的過程中會需要額外修正。因此，雖然高槓式背蹲舉、低槓式背蹲舉、前蹲舉和前抱式深蹲的軀幹前傾角度不同，但由於這幾種蹲舉都不會有後仰的軀幹，所以動作初期都是先將臀部向後推，只不過向後推的深度有顯著不同，低槓式背蹲舉推得最多，高槓式次之，前蹲舉和前抱式蹲舉推得最少。(圖 4-3-8)

進行低槓式背蹲舉，臀部向後推的動作一旦啟動，確定了接下來的動作軌道起點後，膝關節幾乎同時會跟著產生屈膝動作，這中間如果有太久的時間差，會導致深蹲進入「早安運動」的軌跡，因此向後推髖的動作一啟動，幾乎也會同時屈膝，進入背蹲舉的軌跡。下降的過程持續保持膝關節外推的力道，但如同前面已經敘述過的，這個力道只需要足以維持扭地夾臀卽可，無需推到任何會產生不適感的幅度。

下蹲至髖關節低於膝關節的那一刻卽可折返(圖 4-3-9)，這是通用的訓練建議，訓練者因為不同的需求或身材，有時會蹲得比這點還低，不過以長期提高蹲舉最大肌力而言，過水平線之後已經取得主要的效益，更低的深蹲通常效益比較傾向於保存最低點的動作幅度。與所有雙腳對稱的蹲法相同的是，蹲到最低點時會有一個利用反彈力的機會，如果訓練是著眼於純粹的肌肉力量，則可以試著藉由減速或暫停去減低反彈，甚至是變成靜態啟動，這會有助於肌肉在無反彈協助的情況下練習用力；如果想訓練肌肉的伸展收縮循環(SSC)力量，則可以在姿勢標準的狀態下充分利用反彈力，練習肌肉力量和反彈力的同步化，可以達成更高的蹲舉重量。上升過程是依循著下降過程原路往回走，回到最高點的初始位置時，便

（圖4-3-8）各類蹲舉臀部後推差異

低槓式背蹲舉

高槓式背蹲舉

前蹲舉

前抱式深蹲

算是完成一次背蹲舉。最高點位置常見的錯誤，是忘記要把髖關節打直，這種現象在前抱式深蹲和前蹲舉比較不會出現，背蹲舉時因爲槓鈴在背後，比較容易讓人忽略髖關節打直的動作，需要多加注意並提醒。

最大重量或接近最大重量的訓練時，從低點向上的過程通常會經歷一個最困難的障礙點，過了這個點，動作會突然變得順暢，這個點是整個動作過程最弱的一點。它的位置因人而異，有些人比較低，有些人比較高，發生原因可能與主導肌群的輪替過程有關，針對障礙

（圖4-3-9）下蹲注意事項

通用訓練建議：下蹲至髖關節低於膝關節的那一刻即可折返。

點進行補強訓練，可以幫助進步。完成所有反覆次數，再次回到最高點，且髖關節確實打直後，便可以直直向前走，讓槓鈴貼回蹲舉架掛鉤上方部位的直柱上，然後順勢下滑到掛鉤裡，完成整組動作。

高槓式與低槓式背蹲舉的差異，主要當然在於背槓的位置，不過背槓的位置會影響蹲姿。在槓鈴對齊腳掌心的前提不變下，槓鈴越低，臀部越有往後推的空間，槓鈴較高的時候，軀幹通常會回到比較偏垂直方向的角度。且由於臀部後推的程度與腿後肌的用力有關，所以高槓式背蹲舉的腿後用力會比低槓式少一些。

背蹲舉務必要在有保護槓的蹲舉架內實施，保護者雖可從旁協助，但是很難取代保護槓的功能。

前抱式深蹲、前蹲舉、高槓式背蹲舉和低槓式背蹲舉，是雙邊對稱蹲法中比較典型的幾類，以下將介紹以單邊用力爲主（或稱爲不對稱訓練）的蹲系列動作。

分腿蹲

分腿蹲在功能性方面的分類，係屬於「煞車」姿勢，之所以會有這樣的功能，是因爲分腿蹲有著雙腳一前一後，各自位於體重心前方和後方的特性。而在人體運動的情境中，腳支撐在體重心的前方，是對前方煞車的動作；腳支撐在體重心的後方，是對後方煞車的動作。因此，雙腳一前一後的分腿蹲，正好具備了運動場上緊急煞車動作的特性。

從外觀看，分腿蹲的最低點是一個單跪姿，然後再從最低點站起來，不過在拿這個動作來背負數十甚至上百公斤的重量時，需要注意的細節比單純的單跪姿還要多。先從最低點說起，分腿蹲的最低點，嚴格說起來不一定是標準單跪姿，因爲膝關節會依照訓練的目的和器材而決定是否眞的碰地。膝關節碰地當然是確保動作走到最低點的好辦法，但若是使用背負式的器材（如槓鈴），低點膝蓋碰地的那一刻有可能造成姿勢震動，嚴重時有機會導致槓鈴移位。因此，使用背負式的器材時，分腿蹲的低點可以選擇不落地，或是在膝蓋可能接觸的地面範圍放置軟墊（或一條折好的毛巾），如此一來，接觸地面的力道可以得到緩衝，讓背上的重量不會發生震盪。如果使用的是雙手持的重量（如壺鈴、啞鈴、U形槓等），則膝關節觸地對重量的影響較小，只要注意不要重壓地板傷到自己的膝蓋卽可。

最低點的姿勢、腳步的大小和寬窄可視爲變化動作，沒有一定的對錯，依照需求使用卽可，不過如果想在諸多動作中找一個有代表性的基本動作步法，雙腳膝關節都呈現九十度的單跪姿是常用的選擇。這個姿勢，除了雙腳膝關節呈九十度之外，前腳大腿概略與地面平行，少數人因爲大腿較長的關係，前腳大腿尚未過水平線之前，後腳膝蓋就已經碰地，此時略爲前後調整腳步可能可以解決這問題，如果問題屬於較爲特殊的個別差異，則在安全無虞的前提下，通常無需調整。後腳膝關節應位於同側肩膀的正下方，若碰地其實會承接一部分體重。後腳腳後跟指向正後方，阿基里斯腱朝向天花板，腳尖前腳掌部位穩穩踩地。（圖4-4-1）

（圖 4-4-1）分腿蹲動作示意圖。

1 執行分腿蹲時，低點可選擇不落地，或是在膝蓋接觸地面處放置軟墊。

2 雙腳膝關節都呈現九十度的單跪姿，是分腿蹲常用的選擇。

3 後腳膝關節應位於同側肩膀正下方，後腳腳後跟指向正後方，阿基里斯腱朝向天花板，腳尖前腳掌部位穩穩踩地。

「穩定性換得力量」的大原則在分腿蹲也適用，而穩定性除了保持脊椎中立的中軸穩定之外，下肢的穩定性也需要做好準備。在前面的章節裡曾提到過，下肢三關節或多或少帶有一些多餘的活動度，這些多餘的活動度可能會影響發力，因此需要用扭地夾臀的方式來控制。分腿蹲的動作也需要穩定，不過穩定的方式與深蹲略爲不同，位於前方的腳可以使用與深蹲大致相同的方式，將腳底踩穩地面之後，用將膝關節往外推的力道去穩住下肢。與深蹲的注意事項相同，扭地夾臀是一個適度的力道，而不是明顯的動作，將膝關節故意扭轉到極限不但達不到效果，而且是危險的。後腳的穩定方式則與前腳有顯著的不同，腳踩在身體後方的地面時，向外扭轉的力道不但不會讓腳變穩，反而會導致更高的不穩定性；反之，如果此時把腳向內扭轉，則可以收到與前腳扭地夾臀類似的穩定效果，關於這部分的論述，可以參考凱利・史達雷（Kelly Starrett）的《靈活如豹》（*Becoming a Supple Leopard*），雖然我們對於訓練的一些建議與該書中所述未必完全相同，但是仍然推薦大家閱讀此書當作參考，理解扭轉力矩對穩定性的貢獻。

練習時可以從單跪姿開始，依照上述過程將身體各部位的姿勢調節好後，再將後腳著地的膝蓋稍微拉離地面，短短兩公分即可。此時是一個檢查動作的重要時機，後腳膝關節還在地面時，人體等於有三個點在地面支撐：前腳、後腳膝蓋和後腳腳尖（圖4-4-2），大幅度的分擔了身體（和體外負重，如果有的話）的重量，因此等於提供了額外的穩定性。膝關節拉離地面時，穩定性變成由前後兩隻腳支撐，此時人體如果無法單靠兩腳在分腿蹲低點支撐住整體的重量，就有可能出現穩定性不足的現象。穩定性不足的現象，表現在外的除了整個姿勢看起來很不穩之外，也會以限縮活動度的方式呈現。也就是說，前述的屈髖、屈膝、中立脊椎和前腳膝關節外推，以及後腳腳踝外推的姿勢，都可能會在後腳膝蓋拉離地面那一刻崩解，變成一個歪七扭八的姿勢。如果發生這樣的現象，此問題解決之前應暫時不要負重，以徒手或甚至是額外輔助（例如用手扶蹲舉架）的方式先退階訓練，直到可以在無輔助的狀態下順利蹲下站起，才可以開始考慮負重訓練。

前述的準備動作如果都沒有問題，就可以考慮負重訓練了。負重訓練的方式有很多種，槓鈴和安全深蹲槓SSB是其中常見的選項。直槓負重的方式跟深蹲很類似，包括頸前負重以及背後的高槓位和低槓位負重。負重位置某種程度上會影響軀幹的前傾角度，不過因爲腳步不同的關係，影響程度與蹲舉並不相同。使用槓鈴或安全深蹲槓做分腿蹲，爲了安全起見仍然建議在蹲舉架裡進行，如此才會有保護槓可以確保訓練者的安全。不過值得一提的是，訓練者必須全程確定自己的移動路徑都在蹲舉架的正中間，如果下蹲或站起的路徑有所偏差，槓片可能會和蹲舉架的保護槓發生擦撞，導致危險的重心位移，這個問題在蹲舉時比較少見。蹲舉時人體雙腳就定位之後，發生重心左右偏移的情形比較少，但是分腿蹲左右腳的位置不對稱，可能一開始就定位錯誤，或是在下蹲或上升的過程逐漸將重心偏向某個方向，導

(圖4-4-2) 單跪姿支撐點示意圖。

後腳膝關節還在地面時，人體有三個點在地面支撐：前腳、後腳膝蓋和後腳腳尖。

致重量與保護槓擦撞，這種情形在初學者身上尤其常見，要格外注意。

分腿蹲除了使用槓鈴或安全深蹲槓SSB之外，也可以使用雙手提的重量。雙手提的重量選項包括大啞鈴、大壺鈴和U型槓，大啞鈴的限制較少，只要雙手可以握得住，通常不太會影響動作。壺鈴是分腿蹲很好的選項，握把在上的設計讓壺鈴可以預先置於地面，訓練者下蹲到低點時可以輕易拿起。唯一的問題是每個人的臂長各異，手臂較長的訓練者，可能會遇到還沒蹲到底壺鈴就碰地的窘境，如果完整的動作幅度是當前重要的考量，還是要考慮採用其他器材。U型槓是非常實用但目前較爲罕見的器材，它的結構基本上就是一邊有開口的菱形槓，且重心比例經過重新平衡。U型槓可以像壺鈴一樣預先放置於地板，下蹲到底再提起，而且由於U型槓握把通常較低，或至少有低握把的選項，低握把的高度對齊槓片的半徑，此高度可能比部分壺鈴的握把低了一些，減少重量提早碰地的問題。

第三類負重方式，是利用可以穿著或披在肩膀上的重量，例如外表類似防彈衣的負重背心，或是可以披掛在肩膀上的鐵鍊，這類負重器材因為跟身體貼合，所以很好控制，缺點是負重的潛力較低。背槓或是雙手提的重量通常可以輕易超過百公斤，但負重背心通常只有十數公斤，鐵鍊雖然可以持續加重，但是肩膀可乘載重量的面積也有限，放置太多條鐵鍊會開始越來越不穩定，因此負重背心和鐵鍊這兩類重量都有負重的限度，不過與手持重量合併使用後，這個問題通常就不再是問題了。（圖4-4-3）

基本的分腿蹲的動作過程必須保持直上直下，許多初學者下蹲時會傾向往前倒，以至於重心往前腳移動，這通常是後腳伸得太直所造成的。實際上在標準分腿蹲的過程中，兩隻腳屈膝的幅度從上到下都是相同的，而非主要屈曲前腳或後腳的膝蓋，兩腳屈膝的幅度相同時，下蹲動作就不會發生無預期的前移。值得注意的一點是，分腿蹲本來就有移動式的版本，也就是大家熟知的前跨步和後跨步，所以並不表示所有的重心前移都是錯的，但是執行原地版本的分腿蹲時，由於訓練的就是控制重心移動的煞車能力，因此如果發生非預期的重心移動，其實就是技術失敗的現象。

如果因為其他需求，有時會刻意改變兩腳的距離以及重心移動的範圍，例如有些時候為了著重前腳膝關節的訓練，會刻意將後腳站遠，下蹲時將重心往前推；有些時候為了訓練平衡感，會刻意將兩腳距離縮小，在一個刻意變小的基底面積練習分腿蹲，這些都沒有錯誤，單看訓練者的意圖。所以，分腿蹲是否「正確」不能單從外觀判斷，要先知道訓練的目的。

上升過程的最高點會在雙腳膝關節完全打直之前的一刻停止，避免以放鬆的方式，在分腿蹲的最高點打直膝蓋，以免製造不必要的壓力。這並不表示所有打直膝蓋的動作都是壞的，但藉由打直來減少肌肉的用力，讓關節直接支撐系統的重量，可能是比較不安全的做法。

（圖4-4-3）分腿蹲負重選擇

負重訓練的方式有很多種，槓鈴和安全深蹲槓SSB是其中常見的選項。
也可以使用雙手提的重量，選項包括大啞鈴、大壺鈴和U型槓。
還可以使用穿或披在肩膀上的重量，像是外表類似防彈衣的負重背心，或是可以披掛在肩膀上的鐵鍊。

後腳抬高蹲

與深蹲和分腿蹲密不可分的一個動作是「後腳抬高蹲」，這個動作跟分腿蹲十分類似，只是將後腳置於支撐物上，使得後腳的位置比前腳高了許多。這個支撐物可以是專用的後腳抬高架，也可以用一般的臥推板凳、跳箱、架在適當高度的槓鈴，或是任何穩固的器材。依據前腳放置的位置，後腳抬高蹲其實有兩種不同的版本，一種版本是將前腳踩在較遠的前方位置，使得蹲到底時前腳的小腿概略垂直於地面，膝關節呈90度，姿勢與分腿蹲十分類似。（圖4-5-1）另一種版本是將前腳概略置於身體正下方，下蹲的過程會有身體前傾、髖關

（圖4-5-1）後腳抬高蹲示意圖（版本1）

版本一：將前腳踩在較遠的前方位置，使得蹲到底時前腳的小腿概略垂直於地面，膝關節呈90度，與分腿蹲十分類似。

節後推的動作，與深蹲的姿勢十分類似。(圖4-5-2) 若是要將這兩種動作刻意區分，前者可以稱爲「後腳抬高式分腿蹲」，後者可以稱爲「後腳抬高式深蹲」，不過實務上大多數的時候通常不區分兩者，因此統稱爲後腳抬高蹲。

(圖4-5-2) 後腳抬高蹲示意圖 (版本2)

版本二：將前腳概略置於身體正下方，下蹲的過程會有身體前傾、髖關節後推的動作，與深蹲的姿勢十分類似。

後腳抬高蹲的負重方式跟分腿蹲一樣，因爲相較於深蹲，後腳抬高蹲雙腳的左右寬度較窄，因此除了背槓鈴之外，也可以使用雙手提的負重方式，當然也可以使用負重背心或披掛鐵鍊等方式訓練。一般建議的訓練流程是先設置後腳抬高架，後腳抬高架如前所述，可以是專用的滾筒式裝置，也可以使用臥推板凳、跳箱或是夠堅固的椅子。使用上述器材代替後腳抬高架時需注意是否穩固，後腳抬高蹲的過程中，如果接近訓練者力量的極限，後腳可能會不由自主地用力推，此時若使用的板凳或其他器材不夠穩固就可能會被踢倒，因此不夠重的抬高器材可能會需要同伴幫忙穩住。有些人會使用堆疊起來的槓片，這樣的做法可能不盡理想，槓片與槓片之間若沒有足夠的摩擦力，槓片在動作過程中可能會移動甚至散掉。

後腳抬高架的位置設置好之後，先用徒手無負重的方式試蹲，然後做必要的調整。這個步驟相當重要，因爲後腳抬高蹲的過程中，如果負起重量後才發現後腳抬高架的位置不對，很多人會下意識的扛著重量單腳跳，試圖改變前腳的位置，這樣的做法容易造成危險，應該要避免，因此需事先量好適當的距離。即便量好了距離，實際操作時還是有可能會有所誤差，因爲訓練者可能在負重之後並未站定至先前設定好的位置。此時必須忍住，不要單腳跳，先將後腳從架上放下，踩回地面，接著移動前腳的位置，然後再次將後腳放到抬高架上，這個過程看似麻煩，但爲了安全還是必須做到。

下蹲的過程中，需讓身體和體外負重的系統重心直上直下。上升過程的最高點，前腳膝關節幾乎完全打直，但要避免過度伸展。後腳在動作的過程中扮演著維持穩定的角色，不要因爲後腳過度用力而將重心推移。

對大多數人來說，通常會發現兩隻腳的表現並不一致，且通常是非慣用腳做得比較好。這個現象可能是因爲大多數人平時較常用非慣用腳來穩定，所以穩定性較高，做起來比較順暢，不過通常在一段時間的訓練後，兩邊的表現就會相當類似。

側蹲

側蹲是另一個蹲系列的動作，是少數動作過程中，人體重心位置不是直上直下的動作。動作開始前，先將雙腳向外橫跨一大步，通常會大於兩倍的肩膀寬度，雙腳互相平行，腳尖指向正前方，這種雙腳互相平行的動作，是為側蹲的重要特性（一個與側蹲非常相似的動作，但腳尖朝向外八字的方向，稱為斜蹲或轉體蹲）。

動作流程（圖 4-6-1）

動作開始時，做好呼吸法，鞏固中立脊椎姿勢，然後將一腳維持打直，同時臀部向後推，另一腳屈膝屈髖，概略沿著深蹲的路徑向下，直到該側的髖關節低於膝關節，也就是大腿低於水平線的那一刻，再沿相同路徑反向回到初始位置。這個動作具有單邊訓練的特性，壓力主要集中在下蹲的一腳，所以屬於單邊訓練系列。下蹲的一腳整體動作結構與深蹲十分相近，主要差異在於深蹲的腳尖概略與膝關節同方向，但側蹲時的腳尖指向正前方，而膝關節是朝向身體外側的。

側蹲主要有以下幾個特性：首先，這是髖關節一側屈曲，另一側外展的動作，是少數大幅挑戰下肢外展活動度的動作。其次，踝關節額狀面的活動度也在側蹲動作中受到挑戰，這是下肢訓練較為罕見的動作型態。

前面提到過，側蹲動作的路徑，重心並非直上直下，動作開始的那一刻，重心就會一邊下降，一邊持續移向屈膝屈髖那一側，所以重心的移動其實是一條斜線。除了這種方式之外，側蹲也可以用水平移動的方式來訓練。做法是在第一次下蹲到大腿低於水平線後，在保持蹲低的情況下，沿著水平方向將體重心移到另外一腳。過程中，屈膝屈髖的一側逐漸伸

(圖 4-6-1) 側蹲動作流程

1. 動作開始前，先將雙腳向外橫跨一大步，通常會大於兩倍的肩膀寬度，雙腳互相平行，腳尖指向正前方。

2. 動作開始時，做好呼吸法，鞏固中立脊椎姿勢，然後將一腳維持打直，同時臀部向後推，另一腳屈膝屈髖，概略沿著深蹲的路徑向下，直到該側的髖關節低於膝關節，也就是大腿低於水平線的那一刻，再沿相同路徑反向回到初始位置。

3. 下蹲的一腳整體動作結構與深蹲十分相近，主要差異在於深蹲的腳尖概略與膝關節同方向，但側蹲時的腳尖指向正前方，而膝關節是朝向身體外側的。

直，原本打直的一腳逐漸屈膝屈髖，直到左右腳的動作互換。如果要進行連續反覆訓練，則可以將下蹲、平移、上升這三個階段交替反覆，或是連續平移數次之後再上升。

專題討論：單邊與雙邊訓練

單邊訓練與雙邊訓練（或者稱爲對稱與不對稱訓練）之間的比較，過去是一個爭論不休的話題，時至今日，大多數的議題都已被探討過，所以我們可以根據過去的論述，更深入理解單邊與雙邊訓練在課表中代表的意義，更重要的是，知道可以如何因時制宜。

所謂的單邊訓練，指的是動作過程中以身體的一側肢體用力爲主，例如單腳蹲、後腳抬高蹲、單手臥推、單手伏地挺身等。由於單邊以外的另一邊未必完全沒有參與，例如後腳抬高蹲的後腳其實也出了部分力氣，所以更精確的名稱應該是不對稱訓練，不過在實務上已經慣用「unilateral training」這個詞，而且單邊訓練可以解釋成「單邊爲主」或「側重單邊」的訓練，所以習慣上「單邊訓練」與「不對稱訓練」已經可以說是同義詞，指涉了相同的一群動作。用最嚴格的標準下定義，所謂的單邊訓練應該是眞的只有單邊支撐的動作，例如單腳蹲、單腳硬舉、單手臥推等。

單邊訓練與雙邊訓練第一個最大的差異，就是同類型的動作中，通常雙邊訓練動作可以扛起的重量比單邊訓練動作大得多，這個現象雖然明顯到不行，但是其背後代表的意義卻值得探討。絕大多數的自由重量動作都概略依循著一個規律，就是「量級」大的動作進步時間通常也比較長，例如深蹲硬舉屬於大量級動作，進步的幅度長達數年，但像是二頭肌彎舉這種參與肌群較少的動作，初期使用的重量較低，進步的幅度也常在幾週或幾月之內遇到瓶頸，除非藉由深蹲硬舉等大動作提升整體肌力或肌肉量，否則小量級的動作通常進步就此停滯。後腳抬高蹲因爲屬於單邊負重，所以體外負重遠較深蹲來得低，因此相較於深蹲來說，能舉起的重量也比較早開始停滯。也因此，除了功能性色彩較爲強烈的系統之外，許多人對於後腳抬高蹲的重視程度往往小於深蹲。

對於這個議題，我們看法是這樣的，要比較深蹲與後腳抬高蹲的重要性，可能要從不只一個角度來探討，這個議題至少要從「壓力」、「穩定性」和「功能性」三方面來探討。

所謂的壓力，指的是一個動作所能夠承載的重量大小，這個問題表面上看起來很單純，實際上卻複雜得多。表面上看起來，當然是深蹲可以背負的重量較多，畢竟幾乎沒有人在兩個動作都熟悉之後，後腳抬高蹲使用的重量遠高於背蹲舉，但是，如果考慮到下肢的壓力，情況就會複雜許多。後腳抬高蹲雖然背負的重量較少，但是有研究指出，前腳其實負擔了超過八成的重量，因此，如果要探討脊椎的壓力，背蹲舉自然是比較大的，但如果要探討下肢的壓力，更具體來說，探討腿部肌肉接受的挑戰，兩者之間的比較就變得複雜，很難分出勝負。舉個例子來說，一個背蹲舉200公斤的運動員，若兩腳負重均等，平均一腳的負重爲100公斤，假設他的後腳抬高蹲會有80%的重量壓在前腳，則只要他的後腳抬高蹲高於125公斤，就有超過100公斤的壓力在前腳（這是單獨考慮體外重量的簡化情形，並不考慮自身體重當中，上半身的體重如何由下肢分擔）。因此，後腳抬高蹲「有機會」讓下肢獲得比背蹲舉更高的壓力，達到單邊超負荷的效果。

單邊超負荷爲什麼可行？理論上來說，一個人的腿力應該是相同的才對，所以無論單邊動作還是雙邊動作，每條腿可以推動的力量應該一樣才對。關於這點，有段時間許多熱烈的論述圍繞在一種叫做「兩側性缺失」（Bilateral Deficit）的現象。所謂的兩側性缺失，是一種神經生理學上的發現，人體在兩側同時用力的時候，力量會略小於單邊各自用力的總和。舉例來說，一個人可能左手的握力爲60公斤，右手握力也是60公斤，但雙手一起用力時總和爲110公斤，這個看似數學有問題的現象，實務上卻並不少見。兩側性缺失並不是一個絕對的現象，其發生的程度除了有個別差異之外，也可能受到訓練影響，但因爲有這樣的機制存在，所以有些人認爲單邊訓練較有超負荷的潛力。

用兩側性缺失解釋單邊超負荷訓練，是否是一個有力的論述，其實充滿了爭議。舉例來說，功能性訓練的支持者認爲，一個背蹲舉假設200公斤的運動員，在習得後腳抬高蹲的技術之後，100公斤的後腳抬高蹲往往可以蹲很多下，而不會只有一下。這個現象幾乎屢試不爽，嘗試過的人都覺得很驚奇，不過如果從力學的角度來看，前腳其實只支撐了八成左右的重量，後腳分擔了其餘的部分，所以後腳抬高蹲輕易超過背蹲舉的一半似乎是正常的現象。另一個經常拿來當作例子的，是羅馬尼亞式硬舉與單腳羅馬尼亞式硬舉之間的比較。這兩個動作所能舉起的重量同樣出現著類似的現象，運動者通常可以拿羅馬尼亞式硬舉最大重量的一半，用單腳羅馬尼亞式硬舉完成好幾下。而且更引人注意的是，單腳羅馬尼亞式硬舉的後腳並沒有支撐在任何東西上，而是在空中平舉，這與後腳抬高蹲的現象非常不同，因此這個例子一度被當作兩側性缺失的另一個例證。不過，若我們進一步分析，應該可以很快發現，單腳羅馬尼亞式硬舉的槓桿結構其實很類似一個翹翹板，著地腳位於正中間，是蹺蹺板的支點，而上半身以及手上拿的重量（槓鈴、啞鈴、壺鈴），是蹺蹺板一側的重量，向後平舉的後腳是另一側的重量。換言之，舉起的後腳其實平衡掉了一部分的重量，所以即使手上拿的重量是羅馬尼亞式硬舉的二分之一，實際上動作中需要支撐的重量是小於二分之一的。

支持兩側性缺失的論述認為，下肢超負荷的計算方式，不能單以體外負重來計算，應該以工作肌群和非工作肌群的方式來計算。所謂體外負重的計算方式，就是先前所述，200公斤的背蹲舉，體外負重就是200公斤，100公斤的後腳抬高蹲，體外負重就是100公斤。而工作肌群的計算方式則是，先將整個系統分為工作肌群、非工作肌群和體外負重三部分，工作肌群指的是真正做動作的肌群，非工作肌群則是沒有直接參與動作的身體部位，這部分應視為負重的一部分，而體外重量當然也是負重的部分。以下肢肌力訓練來說，做深蹲的時候工作肌群是兩條腿，而負重應該是「雙腿以外的身體重量加上體外負重」，而做單腳深蹲的時候，工作肌群是一條腿的重量，負重則是「一條腿以外的體重加上體外負重」，用這種計算方式就會發現，單腳深蹲在一條腿上所加的壓力，往往大於背蹲舉時雙腿平分的壓力。

上述的探索過程，讓兩側性缺失的論述變得難以下定論。我們目前知道，兩側性缺失應該仍然是一個存在的現象，但是對於單邊超負荷的現象來說，因為參與的因素實在太多且難以控制，可能不是主要造成單邊超負荷現象的機制。

另一個重要的論述是，背蹲舉的表現限制因素並不是腿力，而是核心穩定性，也就是說，一個人的背蹲舉最終可以舉起多少重量，看的不是腿有多少力量，而是軀幹、核心和脊椎骨的穩定性還能支撐多少重量。人體的動作控制，中軸穩定性決定了四肢可以發力的大小，這是一個保護機制。當脊椎無法承受時，下肢力量也會跟著被神經系統抑制，像是啟動了自動煞車一樣使不出力量。而當人體在做單邊訓練，如後腳抬高蹲或單腳蹲時，脊椎承受的重量少了一大半，所以核心感受到的挑戰並不高，此時下肢會比平常更能用力。

脊椎壓力的減低要算是優點還是缺點，要看訓練的目的，這個議題早在麥克・波羅伊（Mike Boyle）提倡功能性訓練的時候就被熱烈討論。就波羅伊的經驗，一些運動員即使強壯，即使動作完美無缺，卻也經常在訓練過程中感到腰痠甚至腰痛，而這種痠痛往往影響了他們的專項運動訓練，畢竟選手做重量訓練是爲了提升運動表現，但卻在變強壯的過程損失了接受正常訓練的機會，甚至倒過來影響運動表現，這對於選手和教練來說都是不可接受的。波羅伊把這樣的痠痛歸結在背蹲舉動作的力學問題上，背蹲舉時，脊椎先承受了槓鈴的壓力，接著在下蹲的過程中逐漸開始承受因爲軀幹前傾所導致的剪力（這個部分的力量是否能夠視爲剪力仍有爭議），而波羅伊視這種先壓力後剪力的過程爲問題的來源所在。他認爲，既然訓練的目的是爲了增加下肢肌力，且脊椎過度負重使得脊椎成爲下肢訓練的犧牲品，比較合理的做法是尋求脊椎負重減輕，而下肢仍然可以充分訓練的動作。最初的選擇是改爲前蹲舉，一般來說，前蹲舉的最大肌力通常比背蹲舉低一些，而且動作過程脊椎前傾的角度也比背蹲舉小得多，應該可以避免背蹲舉的壓力剪力問題。不過前蹲舉的嘗試期並沒有太久，過不久就轉換成後腳抬高蹲和單腳蹲系列動作。而無論是後腳抬高蹲還是單腳蹲系列動作，其特性在於大幅減輕脊椎負重，且提升了單邊下肢的負重水準。

脊椎壓力減輕，讓下肢壓力加重，這樣的策略對競技運動員來說或許有益，年輕力壯的競技運動員或許毋須擔心脊椎骨密度下降的問題，但如果從抗老化的角度來看，脊椎骨是骨質疏鬆的好發部位，且根據前人的實務經驗，長期背蹲舉的運動者，的確有較高的脊椎骨密度，且配合前面提到的長期進步的問題，目前看來以單邊訓練爲主要訓練動作的做法，似乎比較適用於競技運動員的短期密集訓練。

單邊與雙邊訓練的討論，其實也掀起了一連串的相關議題，其中一個重要的議題，就是姿勢穩定性和專項特殊性。其實要比較單邊和雙邊訓練動作，力量不是唯一的觀察角度，事實上長期從事這類訓練的運動者，一定在訓練初期就明顯感覺到單邊和雙邊訓練動作的不同。雙邊訓練，因爲身體的重量均勻分布在雙腳，用力的時候左邊支持了右邊，右邊支持了左邊，身上許多專門用來控制姿勢對稱性的肌肉，參與程度其實並不高。例如可以用來控制骨盆位置的腰方肌，深蹲時的參與程度，就不如分腿蹲、跨步蹲、後腳抬高蹲或是衝刺等左右姿勢不對稱的動作。所以，若要說自由重量訓練其實都是隱藏版的核心訓練，則除了深蹲硬舉等雙邊動作提供了核心抗彎曲的功效之外，單邊訓練其實提供了核心抗扭轉及抗側彎等方向的功效。

除此之外，專項特殊性也是一個經常被討論到的問題。觀察絕大多數的運動項目，其實競賽動作中，人體左右完全對稱的項目寥寥可數，舉重和健力是最鮮明的例子，游泳的蛙式和划船的雙槳項目則是其他較接近的例子，畢竟身體兩側的水阻力不像槓鈴兩邊的重量一樣完全固定，所以只能算是接近。撇開這些項目，絕大多數競技運動都以左右不對稱的動作爲主，跑、跳、投、踢、打、摔等經常在運動項目出現的基本動作，其實都是左右不對稱的。換言之，如果肌力訓練的目的是爲了提高眞實世界的表現能力，在動作的特殊性上，單邊訓練似乎更接近眞實世界的表現動作。

但是這樣的論述是否表示單邊或雙邊哪個比較「好」呢？其實大家應該知道，答案是「相輔相成」和「因時制宜」。從動作上來看，單邊訓練雖然與競技運動中多數動作具有較高的相似性，因此被認爲是功能性較高的動作，不過事實上，如果功能性的定義是「遷移性」、「目的性」、「可應用性」的話，其實最大肌力是最有功能性的東西。深蹲練到的肌力可以用在跑和跳，如果深蹲可以持續進步很多年，力量也可以遷移到其他訓練動作，則將深蹲保留在課表中似乎是一個合理的做法。不過如前所述，左右對稱的動作中，許多維持姿勢左右均衡的肌群其實是較少被挑戰的，所以雖然單邊訓練整體壓力較低，但對於這些需要用力維持姿勢的肌群來說，可能反而有較高的刺激。所以比較可行的做法，是在一般性的訓練時期裡，將單邊和雙邊訓練動作用「週期輪換」或「主副交替」的方式進行訓練，等到特殊的專項目的出現時，再集中訓練專項所需的動作。

第七至十一節

硬舉系列動作介紹

羅馬尼亞式硬舉

羅馬尼亞式硬舉，英文寫作Romanian Deadlift，簡稱RDL，大概可以算是髖主導類型主要的代表動作。參酌實務界的習慣用語，會發現大家對於RDL的敘述不盡相同，不過爲了避免涉入無意義的名詞爭論，在此承襲一種常見的說法，就是把RDL定義成「由上往下的直膝硬舉」。從動作型態來看，RDL的下肢三關節動作型態爲「大屈髖，微屈膝」；從動作順序來看，RDL的起點是直體姿勢，且雙手握槓於懸垂位置，動作路徑是從直體姿勢推臀部向後同時向前屈髖，讓槓鈴順著大腿下降，直到腰椎概略成水平線時，折返並沿原路向上，回到最高點位置。所以，RDL與直膝硬舉主要的差別，就在於直膝硬舉指的是以雙手握住放置於地板上的槓鈴爲動作起點，用大屈髖、微屈膝的姿勢伸髖向上，動作終點則是完全站直。以下介紹RDL的訓練注意事項。

因爲RDL跟深蹲一樣，是從上往下的動作，所以通常會將槓鈴預先置於蹲舉架上，概略與訓練者大腿同高，有些人會直接置於適當高度的保護槓上，也有放在木箱或任何可以墊高的器材上，只要能夠提高至適當的起點即可。如果當下沒有這些器材，可先用其他硬舉方式舉起槓鈴至起點位置，再進行後續動作。

與深蹲相同的是，取槓之前就應該要先做好呼吸法，鞏固核心，收緊全身肌群，讓穩定性提高，誘發身體用力的能力。槓鈴的起點位置稱爲懸垂位置，此時雙手成自然下垂狀態懸吊著槓鈴。「吸氣閉氣，壓胸夾背，扭地夾臀」的要領不變，不過由於動作特性的關係，有一些注意事項：首先是壓胸夾背的姿勢，常見的通例是，當負重位於身體前方，壓胸通常相對容易，夾背則需要刻意爲之，RDL也不例外。雙手懸垂握槓的姿勢往往讓許多初學者不自覺將肩膀前引，導致肩胛骨過於向外移動，這樣的姿勢會降低核心穩定性，而立即受影響的會是胸椎的姿勢，缺少夾背的力量容易導致胸椎前彎，同時製造出頭部向前伸的外觀。爲了避免這個現象發生，動作初期就要引導學員將肩胛骨「往後往下」收，強調往後往下的原因是，有些學員爲了收緊肩胛骨，會不由自主的緊繃上斜方肌，容易導致聳肩的姿勢，反而遠離了「壓胸」的方向。

懸垂握槓的雙手，一般來說有「雙正握」、「正反握」和「勾握」三種。雙正握指的是雙手掌心面對自己的握法；正反握是雙手掌心面對不同方向的握法，由於能避免槓鈴滾動，可以握著非常大的重量；勾握是在握槓時，將大拇指包覆在食指和中指之下的握法，這個結構會讓手指互相扣緊，所以也可以握住較大的重量。（圖4-7-1）初學階段通常建議先從雙正握開始，一者可以鍛鍊握力，二者可以避免正反握時左右身體不對稱的問題，三者可以避免勾握式可能造成的不適。不過，這並不表示正反握和勾握是不好的握法，事實上，度過最初的階段後，雙正握勢必無法握住身體所能對抗的大重量，爲了避免握力成爲重量的限制因素，大多會轉換成正反握或勾握。此時因爲技術較爲成熟，對於力量的掌握和疼痛的耐受度也較高，所以轉換成正反握或勾握時會比較順利。只有在初學者階段，或是想要刻意訓練握力的進階者階段才會使用雙正握。

使用雙正握時，建議可以試著用手指「指根」的位置承接槓鈴的重量，這樣的握法比較「淺」，初期會覺得比較難抓握。很多人會下意識的用掌心去深握槓鈴，覺得這樣抓得比較深比也比較緊，但是，使用掌心深握槓鈴的作法，會讓手掌接近指根的皮膚和肌肉被擠壓在槓鈴正下方，重量非常重的時候，這個部位會覺得比較疼痛。用指根去握槓鈴雖然會覺得比較淺，但是其實手指比你想像得要有力，握力會在短時間內迅速進步，屆時就會覺得這種握法比較舒服且不缺力量。這種握法在雙正握和正反握的時候都適用，但使用勾握式的時候，許多人可能會感覺到這種淺握的方式無法握穩，不太適用，所以使用勾握的時候應該要握得很深，才比較容易緊握。因爲人的手掌有不小的個別差異，以上的建議只是參考，並非硬性原則。

在動作的起點位置，人會因爲夾背而將肩膀「向後向下」收，從側面看來，雙手握在槓鈴上，槓鈴又貼在大腿前側，所以肩膀位於比雙手略爲向後的位置，雙手不是完全垂直的。握槓的寬度由兩個因素決定：第一是要比雙腳大腿還寬，第二是要能夠順利夾背，所以最後通常是握在比大腿外側略寬一些的位置。握槓的雙手應往屈腕的方向施力，像是在將槓鈴「捲」向自己，拳頭朝向地面，掌心面對身體後方。許多初學者會忽略這一點，導致掌心偏向朝下的方向，而依賴手指的力量抓槓，此時就可以提醒學員用這種「捲」的方式將槓鈴捲向自己。當然，就跟扭地夾臀的技術一樣需適可而止，捲槓過頭不會有更多好處。

吸氣閉氣和扭地夾臀的技巧與深蹲類似，雙腳踩在地面時，以三腳架結構（大拇趾跟，小趾跟和腳後跟）支撐體重。比較特殊的是RDL動作開始之前會先「微屈膝」，微屈膝的幅度大約只有15度左右，這樣做的目的，是因爲完全打直的直膝姿勢在屈髖時並不適合負

（圖 4-7-1）懸垂握槓示意圖。

懸垂握槓的雙手，一般來說有「雙正握」、「正反握」和「勾握」三種。

重，強行負重對膝關節可能有風險，讓膝關節離開鎖死的直膝姿勢，改在微屈膝的位置並主動固定之，動作過程中不再改變角度，可以避免用鎖死膝關節姿勢負重的風險（所以其實，所謂的直膝硬舉並不是眞的打直）。微屈膝之後，用旋轉膝蓋向外的力量固定，並順勢夾臀，藉由這個過程擺正踝關節位置，利用扭轉力矩鎖住膝關節多餘的活動度（再次強調，適量即可，不要扭轉過頭），同時以夾臀的力量調整骨盆至中立位置。深呼吸時，想像空氣往尾椎骨方向移動，在適度飽足的狀態下，用短吐氣的方式借力憋住呼吸，讓體腔內壓升高，靠著這個力量鞏固核心穩定性以保護脊椎。

RDL可以說是訓練核心呼吸法最有效的動作之一，或者是說，RDL這個動作的訓練重點其實就是核心呼吸法。雖然從參與肌群的角度來看，這是一個訓練腿後、臀部和下背的動作，但實際上，RDL的重點在於呼吸法，沒有做好呼吸法，其實RDL是一個風險不低的動作，因此，藉由輕到重、循序漸進的RDL訓練，來習慣「中軸穩定，四肢發力」的發力原理，無論對初學者或進階者都是很有效益的。

RDL的槓鈴路徑是從大腿前側開始，在最高點時槓鈴貼著大腿，此時也剛好位於腳掌心的正上方。動作開始時，槓鈴往下滑的初期都是貼著大腿移動，但是大約在槓鈴過膝以後，由於RDL是一個微屈膝的硬舉，槓鈴過膝之後不會再與小腿脛骨接觸，會有一段懸垂不貼身的過程。（圖4-7-2）RDL的最低點以「腰椎到達水平線」爲標準，而非槓鈴碰地，槓鈴是否碰地有身材上的個別差異，手臂較長的訓練者可能會讓槓鈴碰地，手臂較短的訓練者可能在槓鈴碰地之前就已經到達腰椎水平位置，此時就可以折返。腰椎水平位置是個肩膀略高於臀部的姿勢，除非有特殊的訓練目的，不然不要爲了讓槓鈴降低而過度前傾，以至於頭部低於臀部，變成一個拿著重量的俯衝姿勢。教學時也要特別提醒學員，應該以腰椎位置爲動作幅度的判斷標準，而非槓鈴的高度，因爲許多人會爲了將槓鈴放低，而不自覺放棄掉中立脊椎或壓胸夾背姿勢。這些錯誤會出現，是因爲偷偷彎腰或是把肩膀前引，都可以讓槓鈴更快接近地面，在指導的時候，應該要將學員的注意力導向腰椎姿勢，而不是槓鈴位置。這不是一件容易的事情，許多人對於腰椎位置的本體感覺較不敏銳，需要一段時間的引導和練習。

值得提醒的一點是，RDL是一個「髖主導」動作，由於屈膝幅度極小，可以說是最典型的髖屈伸動作。如果髖關節活動度不足，最常見的問題就是相鄰關節開始代償性的產生動作，換言之，膝關節和腰椎會開始屈曲，去彌補受限的屈髖。膝關節發生屈曲時風險較小，畢竟如果做RDL的時候不小心多屈膝了一些，頂多就是變成一個很像傳統硬舉的RDL。比較有問題的是彎腰，彎腰可能導致實際的危害，運氣不好時可能會有立即的受傷風險。訓練初學者時，如果在RDL動作的下行過程發現髖關節停止轉動，取而代之的是逐漸彎曲的腰椎，這時候應該要立即停止動作。如果進一步的教學和指導都無法立即改變這個現象，可能需要暫時將學習者限制在安全的動作幅度範圍內訓練一陣子，並且在不增加重量的情況下逐漸探索動作幅度。如果學員對於這種漸進動作幅度的訓練反應不佳，則可能要退階到更基礎的動作，或是進行個別化的動作矯正訓練。

（圖 4-7-2）RDL 動作流程。

1 槓鈴路徑從大腿前側開始，最高點時槓鈴貼著大腿，位於腳掌心的正上方。槓鈴下滑初期貼著大腿移動，過膝以後，不會再與小腿脛骨相接觸，會有一段懸垂不貼身的過程。

2 最低點以「腰椎到達水平線」為標準，而非槓鈴碰地。槓鈴是否碰地有身材上的差異。

傳統硬舉

傳統硬舉算是比較常見的硬舉，基本上就是一個從地上拾起重物的動作。從地上拾起重物可以說是日常生活中屢見不鮮的動作，不過過去對於如何將重物從地面抬起來，一直存在著一些誤解，以致於許多人認爲硬舉是危險且多餘的動作。許多人在日常生活中拾起重物時，都曾經有過因爲用力不當而導致腰痠背痛經驗，因此，一種常見的保健說法是，拾起地上的重物時，要用腿力，而非腰力（use your legs, not your back）。這樣的說法並不是完全沒有道理，因爲許多人在拾起地上的重物時，都會不自覺地彎腰，讓脊椎骨彎成一個釣竿的形狀，然後試著用雙手拉起重物。此時脊椎骨完全不在中立姿勢，若不懂呼吸法，也不會利用體腔內壓保護核心，而拾起重物的過程，是「負重之下改變脊椎角度的過程」，這樣的過程會讓椎間盤經歷變動且不均的壓力，大幅提高椎間盤擠壓或受傷的風險。因此，這種彎腰拾起重物的方法當然是不推薦的。

不過，如果因爲彎腰拾起重物具有危險性，就因此直接跳到另一個極端，認爲應該要讓上半身儘量保持正直，然後用蹲下的方式拾起地上的重物，但其實這種做法可能也過了頭。雖然前面介紹過的深蹲是一個非常有力量的動作，不過那是因爲無論是用抱的還是用背的，一開始的站姿就已經負擔著重量，總之負重的動作是在高點就已經完成，接下來深蹲到底的過程，重量不再轉換位置。但是，今天如果是重物已經在地上，要直接從深蹲到底的姿勢去拿起重物雖非不可能，但是深蹲到底時，雙膝的位置剛好擋在身體前面，所以除非重物的形狀大小剛好配合人體的肢段比例，否則很可能在試圖拾起重物時會先駝背，然後再從駝背的深蹲姿勢站起。

比較建議的作法，是採取偏向髖主導的硬舉動作，減少了屈膝的幅度，使人體更能貼近重物，增加用力的效率，而一般人擔心的駝背問題，則可以利用核心呼吸法來解決。要知道，經過核心呼吸法保護的腰椎，抵抗壓力的能力會大幅提升，而且經過訓練之後可以持續增強。許多人的硬舉成績都在深蹲成績之上，所以要拾起地上的重物，其實最佳的策略是使用硬舉。不過，回到剛剛那個一般人從地上時起重物的議題，對於未經訓練的人來說，無論蹲姿或彎腰都很危險，最好的方法還是學會硬舉，讓自己增加這類功能性的力量。

雖然硬舉就是一個從地上拾起重物的日常動作，不過因爲以槓鈴爲訓練器材，有些特定注意事項會讓此動作更安全有效，尤其是當我們以漸進式超負荷爲目標時，要更注重這些細節，此時你會發現，看似簡單的動作，其實有非常多會影響到將來進步重要的細節。以下，將介紹硬舉的動作細節。值得先提醒的是，硬舉流程不只一種，而且跟很多重量訓練動作一樣，每個人的身材、肢段比例、肌肉分佈和力量感都不同，長期訓練後通常會發展出個別化的動作。訓練初期的指導原則，是先採用一個典型模式，讓學員可以透過後續的練習，逐漸發展成適合自己的動作。

動作流程

動作開始前，槓鈴應該要已經裝置妥當並擺放在地面，而人與槓如何就定位，有「以槓對人」和「以人對槓」兩種。以槓對人，指的是人先隨意在槓前站定位置，腳步站穩之後，雙手握槓並將槓鈴托向自己，到達適當的啟動位置時再將槓鈴拉起；以人對槓，指的是起槓之前都不再移動槓鈴，讓人直接站到適當的起槓位置，調整好姿勢之後，再將槓鈴拉起。關於這兩種方式，雖然沒有對錯，但初學時我們推薦「以人對槓」的做法，因爲這種做法有比較多的時間調整好讓自己對準槓鈴。以槓對人的做法，在初學階段很容易抓不到對的起槓時機，導致後續產生較多需要修正的錯誤。

以人對槓具體而言該怎麼「對」呢？跟深蹲的動作一樣，從「槓鈴對齊腳掌心」開始。(圖 4-8-1)

槓鈴擺放在地面時，標準的大槓片直徑爲 45 公分，所以槓鈴中心距離地面的高度大約 22.5 公分，槓鈴正下方的位置，就是訓練者腳掌心應該要對齊的位置。此時雙腳概略在臀寬與肩寬之間，腳尖微微向外，腳掌心的位置大概位於鞋帶綁蝴蝶結的附近，如果你的鞋子沒有綁帶，自己想辦法找一個標定腳掌心的參照點，然後利用這個參照點把腳掌心踩在槓鈴正下方。槓鈴對齊腳掌心後，通常小腿脛骨距離槓鈴約 3 至 4 公分，此時就可以開始握槓。

握槓與做呼吸法兩者誰先誰後其實都可以，有些人偏好在直立姿勢先做好呼吸法，然後再屈膝屈髖降低身體高度去握槓，有些人則偏好先彎身握住槓鈴，然後再做好呼吸法。初學階段比較建議後者，因爲前者需要有足夠的精確性和速度，換言之，做好呼吸法後，就已經

(圖4-8-1)

以人對槓，如同深蹲動作，從「槓鈴對齊腳掌心」開始。

是憋氣狀態，這讓握槓的時間變得十分有限，如果不能立即完成正確的握槓姿勢，一旦需要進行任何調整，就會變成跟時間賽跑的過程。初學者最好有足夠的時間從容地調整好姿勢，所以建議先握槓再做呼吸法。如果遇到在低點始終無法找到中立脊椎姿勢的訓練者，則可以反其道而行，在高點做好核心呼吸法之後，再逐漸降低姿勢去握槓，這可能會花一些時間才能掌握要領，不過仍然可以達到效果。以下以先握槓再做呼吸法的流程，說明硬舉的準備過程。

握槓的時候，跟RDL一樣，初期都建議先從雙正握開始訓練，握在比大腿外側略寬一點的位置，用指根握槓的方式，將槓鈴握緊並捲向自己的方向，直到拳頭向下、掌心向後的位置形成。（圖4-8-2）此時身體尚未開始繃緊用力，所以腰椎可能會呈現彎曲的姿勢，在無負重狀態下這是可以接受的。

雙手握緊槓鈴後，就可以開始調整呼吸。硬舉的呼吸法是在動態當中進行的，開始時，保持雙手握槓的姿勢，進行「吸氣閉氣，壓胸夾背，扭地夾臀」的呼吸法步驟。「吸氣閉

(圖4-8-2)

握槓時，建議從先雙正握開始訓練，握在比大腿外側略寬一點的位置，用指根握槓的方式，將槓鈴握緊並捲向自己的方向，直到拳頭向下、掌心向後的位置形成。

氣」的動作是用原姿勢深吸一大口氣，然後憋住，「壓胸夾背」的動作則是用力將肩胛骨往腰椎方向收攏，此時因爲處於一個前彎的姿勢，壓胸姿勢通常已經自然形成，無需做額外的動作。硬舉的壓胸夾背還有一個重點，就是握在槓鈴上的雙手，可以用「扭槓」的技巧，像是要將槓鈴的兩端往自己的方向拗過來，來配合壓胸夾背，增進握槓的穩定性。所謂的扭槓，跟前面說過的扭地夾臀一樣，是一個力道而非一個動作，所以不必扭轉到手臂產生彎曲動作。扭地夾臀則是在腳底三腳架部位抓緊地面後，扭轉膝關節向外，並順勢夾緊臀部。此時因爲處於屈膝狀態，會有較明顯的膝關節外推動作。

到這一步，呼吸法算是完成了一半，因爲雖然「吸氣閉氣，壓胸夾背，扭地夾臀」的技巧都已經做好，但是此時的脊椎骨並非呈現中立姿勢。如前所述，彎身抓槓的過程中，因爲脊椎尚未負重，容許脊椎處於彎曲的狀態，現在準備要眞的用力拉起槓鈴時，脊椎一定要在發力之前回到中立姿勢。調整脊椎姿勢的第一步，是先出一部分的力氣扯緊地上的槓鈴，槓鈴穿在槓片的孔洞裡，通常會有一點多餘的空隙，所以槓鈴靜置地面時，槓片孔洞的空隙會位於槓鈴上方，準備用力拉槓鈴時，會先把槓鈴往上拉緊，使槓鈴貼緊槓片孔洞的上方，使得原本的空隙被貼滿，空隙會跑到孔洞裡槓鈴的下方。這時通常會發出一聲金屬相碰的輕響，發出這個聲音，表示已經扯緊槓鈴。

發力前先扯緊槓鈴，並不是要就此把槓舉起來，而是接下來的動作要做得好，必須藉由槓鈴的重量爲錨點，讓自己「擠進」硬舉的準備姿勢。前面說過，槓鈴對齊腳掌心後，脛骨距離槓鈴約三公分，這段距離很重要，我們就是要利用這段空間，將膝關節有限度地往前推，同時調節脊椎姿勢。脛骨輕碰槓鈴時，達到脊椎中立姿勢，進行這個動作時要避免的動作是主動矮身下蹲，去換得挺直脊椎的空間，結果經常是放鬆了雙臂，讓槓鈴持續處於靜置狀態。手與槓鈴之間只有單純的接觸，沒有力量的連結，這會影響後續的發力過程，應該要避免。避免這種現象建議的作法是，雙手像在吊單槓似的拉緊槓鈴，利用拉緊槓鈴的力道，一邊用力挺胸以達到中立脊椎姿勢，一邊將膝關節往前推。

膝關節推進的過程，儘量約束臀部下蹲的幅度，同時也要避免推動槓鈴，讓槓鈴對齊腳掌心的位置從頭到尾都不改變，連後續的槓鈴離地上升過程也應該要持續對準。因此，如果擠進準備姿勢時將膝蓋向前推得太遠，導致槓鈴往腳尖方向移動，後續發力拉起槓鈴的過程，槓鈴可能會往回擺盪，反而製造了不必要的水平位移。脛骨輕貼於槓鈴，槓鈴也還在腳掌心正上方位置時，「吸氣閉氣，壓胸夾背，扭地夾臀」的呼吸法動作，已經完全結合到硬舉的準備姿勢裡。

這個準備姿勢有幾個特點。首先，從側面看來，如果槓鈴不太重的話，往往才剛做好準備姿勢，槓鈴就已經幾乎要微微離地。

其次，槓鈴大約位於肩胛骨正下方，或是訓練者心窩正下方。從側面看，肩膀會略微向前超過槓鈴，手臂微微斜向自身方向。許多人會覺得，自然下垂的手臂應該是垂直線，斜向內的手臂似乎有些奇怪，不過實際操作時通常會立即發現，用力做出壓胸夾背的姿勢時，因爲闊背肌是重要的脊椎穩定肌群，爲了穩定脊椎，必須非常用力繃緊，而繃緊的闊背肌會將手臂牽引向後，造成這個微微斜向自身的手臂姿勢。此時如果刻意讓手臂垂直，在不改變臀腿和軀幹姿勢的情況下，勢必要先放鬆闊背肌才做得到，不過一旦放鬆，就會降低脊椎的穩定性，同時失去了「力量感」。這個收緊闊背肌的過程，可以用一個有趣的指導方式，就是讓學員假想有人想要對他的腋下搔癢，他要用力夾緊腋下保護自己不被搔癢，這個防搔癢的動作往往可以引導學員做出正確的握槓姿勢。膝關節的位置會略微超過槓鈴前方，且約略與雙手手臂切齊。這樣看起來膝關節似乎會成爲槓鈴上升過程的障礙，不過這不會是問題，因爲動作眞正開始時，槓鈴通過膝關節之前，訓練者用力推地的過程就會把膝蓋伸直，讓槓鈴順利從膝蓋前通過。

頸椎的位置則是充滿爭議的議題。有些人認爲抬頭往上看可以增加力量，有些人則認爲輕微低頭有助於繃緊背部，同時提高軀幹穩定，不過基於下列原因，我們建議保持頸椎中立即可，無需刻意抬頭或低頭。過度抬頭，有些學員可能會感到頸部不適；低頭過多，則可能會導致駝背。雖然無論抬頭或低頭，眞正發生危害的機率並不高，但是要避免上述問題，同時要讓初學者有所依歸，仍建議保持中立頸椎姿勢。在這個軀幹前傾的姿勢下保持頸椎中立，會呈現一個目視前方地板的姿勢。

當一切按照上述流程準備就緒，接下來就可以開始發力。發力的初期，是挺胸推地的過程，並且持續維持臀部高度。硬舉的動作路徑可以從兩個方向來看，一是由下往上，一是由後往前。由下往上的是槓鈴，髖關節則是沿著斜上的路徑由後往前，且動作全程槓鈴都與身體相貼，也因此，有些人偏好在硬舉時穿一雙長襪，可以避免脛骨前方與槓鈴摩擦造成受傷。發力初期，基本上可以說是維持原姿勢，讓雙腳用力推地的過程。有些有趣的指導語會說「把地球推遠」，意思就是讓學員想像自己全身姿勢固定，只用雙腳用力推地，當雙腳用力推地的力道發展爲具體的動作時，槓鈴已經開始離地。

槓鈴離地的過程，要持續維持軀幹角度，操作得當的話，初期會看到臀部上升的速度與肩膀同步，不會有臀部自行上升但肩膀不動，也不會有臀部保持同一個高度但肩膀自行抬起的現象。持續推地直到槓鈴過膝，就要開始積極推髖向前。推髖向前會像是要拿自己的大腿前側去貼槓鈴，但是槓鈴並不往前跑，槓鈴的路徑自始至終都對齊腳掌心，所以槓鈴等於是在腳掌心正上方的直線上移動。上升過程槓鈴會輕貼著脛骨直直上升，接著會滑過膝蓋前側，然後貼著大腿滑行，直到動作終點。

最高點的位置是「夾臀，夾背，頭頂天」的姿勢。許多人會把動作做過頭，變成微微向後仰躺的姿勢，這是絕對要避免的，因爲往後仰等於是讓腰椎在負重狀態下改變角度，從中立姿勢移到過度伸展的姿勢，負重狀態下改變腰椎角度本身就是一件危險的事情，而過度挺腰（hyper-extension）更可能造成脊椎骨後方結構產生壓迫，一定要避免出現這樣的姿勢。建議的引導方式是讓學員模仿量身高的姿勢，往上站直而非往後仰躺。

最高點時，膝關節和髖關節都完全打直，同時要利用夾背的力量挺直胸椎，這並非容易的事。舉例來說，許多學員站直時會「忘記」把膝蓋伸直，其實在最高點把膝蓋伸直並不太費力氣，一般來說口語的指導就可以改正；有些學員則會在拉到高點時力氣用盡，無力將上背挺直，這種現象通常出現在挑戰最大肌力的時候。首先當然建議，長期訓練過程中儘量不要太常使用無法維持安全姿勢的極限重量，不過如果這是經常出現的問題，除了反覆練習硬舉技術外，也可以輔以前蹲舉類型的訓練，幫助建立挺胸的力量。

下降的過程是上升過程的相反，從臀部往後推開始，逐漸屈膝讓槓鈴向下，如果順著這個路徑走，槓鈴可以安全回到地面，不會卡到大腿或膝蓋，也不會被槓鈴拉成彎腰駝背的姿勢。爲了避免重槓落地造成的碰撞或彈跳，通常建議雙手握槓直到槓鈴觸地爲止，除非有特定的原因，如身體不適或發生疑似受傷的疼痛，必須立即棄槓，否則應避免直接鬆手摔槓。

連續硬舉時，有兩種可以使用的模式，一種是「靜態啟動」，也就是每一下都把槓鈴完全放回地面，然後重新啟動呼吸法，再次起槓，這種靜態啟動的硬舉訓練方式，每次反覆都是完整動作，可以練到最完整的硬舉力量；另一種是「觸地即起」（touch-and-go），這種訓練方式是除了第一次是靜態啟動外，接下來每一下都在槓鈴下降到接觸地面的那一刻，就發力拉起，由於沒有眞正放下槓鈴，所以從第二下起，呼吸法就要在直立姿勢進行，如同RDL，先做好呼吸法再把槓鈴往下降。觸地即起的訓練效益，在於身體的張力持續不放鬆，可訓練較長時間的用力，同時因爲每一個下降動作都會直接接著上升動作，下降過程必須精準的放置槓鈴。有趣的是，這種負重下降的動作，會自然逼迫身體用最有力量的方式將重量降低，而最有力量的降低姿勢，剛好也是最有力量的上升姿勢。所以，許多人在硬舉訓練過程中如果發生「找不到手感」的現象，找不到自己最佳的發力姿勢（屈膝幅度、臀部高度、挺胸位置等），可以利用觸地即起的方式訓練幾組，在每次下降的過程中刻意記得自己放下重量時最有力量的姿勢，身體習慣了之後再回到靜態啟動訓練，就會發現很容易找到手感和力量感。

以上就是傳統硬舉的訓練注意事項（圖4-8-3），接下來介紹與傳統硬舉一樣熱門的相撲硬舉。

（圖 4-8-3）傳統硬舉動作流程。

MONSTER
Training

相撲硬舉

從外觀上來看，相撲硬舉與傳統硬舉最明顯差別是雙腳的距離，相撲硬舉通常較寬，傳統硬舉通常較窄。不過從定義上來看，所謂的傳統硬舉，指的是雙手在大腿外側的硬舉，而所謂的相撲硬舉，是雙手在大腿內側的硬舉，並非一個硬舉站得寬就是相撲式，站得窄就是傳統式。（圖 4-9-1）

（圖 4-9-1）傳統硬舉與相撲硬舉站姿示意圖。

單從改變手和腳的相對位置，就足以導致這兩種硬舉的形式有許多不同之處。首先，相較於傳統硬舉，相撲硬舉最後的高度會因為雙腳寬站的關係，比傳統硬舉矮一些，對此，有一種常見的說法是，相撲硬舉是簡化的，甚至是偷工減料的硬舉，因為需要拉起重物的高度低了一截。不過，這樣的說法並不算正確，因為如果相撲硬舉是偷工減料的傳統硬舉，則相撲硬舉的重量理所當然會比傳統硬舉重，但是我們發現並非永遠如此。相撲硬舉和傳統硬舉哪個可以舉比較重，通常跟個人的身材比例、肌肉分佈和願意投入的訓練時間有關，試想，如果「每一個人」的相撲硬舉都會贏過傳統硬舉的話，在國際級的健力比賽，傳統硬舉應該早就絕跡，畢竟在斤斤計較的比賽裡，如果兩種硬舉動作都是競賽規則所允許的，應該沒有人會故意選擇注定舉得比較輕的動作，但是至今我們仍然看到傳統硬舉的動作在各個破紀錄的場合裡出現，足以證明認爲相撲硬舉是偷工減料的傳統硬舉的論述並不正確。

除了高度之外，相較於傳統硬舉，相撲硬舉的上半身前傾角度通常較小，身體較偏垂直方向，同時屈膝幅度通常較傳統硬舉來得大一些，所以從外觀上來看，相撲硬舉很像一個寬半蹲，只不過槓鈴不在背上。不過因爲是從地上的靜止狀態拉起重量，即使外觀相似，相撲硬舉和寬半蹲仍然有許多不同之處，以下將介紹相撲硬舉的操作方式。

前面提到過，許多動作在經過一段時間訓練後，通常會從典型的基本動作逐漸發展成適合個人身材特性的動作，相撲硬舉尤其明顯。相撲硬舉的站寬有較大的調整空間，連帶著其他姿勢細節如軀幹前傾角度、屈膝幅度、腳尖方向和握槓位置等，可以調節的空間也跟著變大，所以指導初學的學員相撲硬舉時，通常傾向從比較中庸的姿勢教起，讓學員可以透過後續的訓練漸漸找到適合自己的技術，而非一開始就刻意規定一種不可改變的標準姿勢。

動作流程（圖4-9-2）

動作初期，先用「以人對槓」的方式站定想要的姿勢，槓鈴必須對準人體重心的基底位置，所以槓鈴對準腳掌心的原則不變。接著說明站姿的寬度、腳尖的方向、膝關節的方向以及握槓位置。首先，站姿的寬度影響了幾件事，站得越寬，槓鈴上行的高度越短，理論上越容易完成動作，但是雙腳站得越寬，越難對地面垂直用力，偏偏人需要對地面用力推才能把槓舉起。怎樣的程度會開始影響對地用力推的能力，其實與個人的肢段比例有關，所以訓練初期，先從一個中庸位置開始，這個中庸位置就是在動作起點位置時，若從正面觀之，人要在小腿能夠概略垂直於地面的前提下儘量站寬。初期可能會需要調整幾次，才會剛好做出小腿垂直於地面的準備姿勢，接著就可以從這個姿勢開始訓練，未來再依照訓練狀況調整。

腳尖的方向也有類似的作法，一般而言，腳尖越往外轉，髖關節可以外展的幅度越大，人越可以貼近槓鈴；腳尖越接近指向前方，髖關節可以外展的幅度越小，人越遠離槓鈴。而硬舉時，人與槓鈴的距離越近，理論上越容易完成動作，如此看來，腳尖似乎向外轉越多越好。但是，腳尖往外轉得越多，身體在前後方向越不容易穩定，這個站不穩的感覺又可能影響用力；而且腳尖越往外轉，也越沒有利用扭地夾臀來製造穩定性的空間，因此，腳尖的方向也跟站寬一樣，可先選擇一個中庸位置，而這個中庸位置就是腳尖概略指向斜前方四十五度角的方向，這個位置既不會太過於向前，也不會太過於向外，還有餘地可以扭地夾臀，因

（圖 4-9-2）相撲硬舉動作流程。

1 腳尖方向與站寬相同，可先選擇一個中庸位置。握槓的位置是在夾背完善的情況下儘量窄握，對大多數的人來說通常都是握在槓鈴光部位和花紋部位交接處的附近。

2 發力初期一邊推地，一邊用力將髖關節向前「擠」進來，臀部與肩膀同步上升。槓鈴過膝後，要持續保持中立脊椎姿勢並推髖向前，將大腿往前貼槓，全程槓鈴對準腳掌心正上方的直線移動，直到站直到最高位置，最高點時避免過度仰躺的動作，並將膝關節和髖關節打直。

此建議初學時從這裡開始，訓練一段時間後再依照個人狀況調整。

握槓的寬度也是，握槓時，手臂越接近垂直於地面的姿勢，垂直方向的長度越長，越能縮短重量移動的距離；雙手握得越寬，垂直方向的長度越短，槓鈴移動的距離越遠。不過，這裡有一個更重要的影響因素，就是動作過程中爲了鞏固核心，必須做出壓胸夾背的動作，雙手握得越窄越不容易夾背，因此通常建議，握槓的位置是在夾背完善的情況下儘量窄握，對大多數人來說，通常握在槓鈴光滑部位和花紋部位交接處的附近。

以上三個因素決定之後，就可以進行實際的動作。首先是「以人對槓」，依照前述的方式決定自己的站姿寬度後，就可以直接走到槓鈴前，腳踩在槓鈴正下方，讓槓鈴對齊腳掌心，此時腳尖應該要對著向外四十五度的方向，站好了之後，小腿脛骨應該會距離槓鈴三公分左右。

跟傳統硬舉一樣，握槓和做呼吸法的順序不拘，不過初學階段仍建議先握槓再做呼吸法，理由與傳統硬舉相同，目的是爲了讓學員可以比較從容的握好槓，再來調整呼吸法。所以，暫定腳步位置之後，學員可以彎身向前，讓雙手先握槓。初學階段先從雙正握開始，握槓時先以指根接觸槓鈴，再用捲動的方式緊握住槓，直到拳頭向下，掌心向後的位置。此時尚未進入預備姿勢，所以膝蓋較直，臀部也較高，主要靠著屈髖和部分的彎腰去讓雙手握到槓鈴。從這個姿勢開始，就可以調整呼吸，鞏固核心。

「吸氣閉氣，壓胸夾背，扭地夾臀」的技巧在相撲硬舉的操作方式如下：保持雙手握槓姿勢，先施力將地上的槓鈴扯緊，接著深吸一口氣，並在調節到適當壓力後憋住，雙手用扭槓夾肘的方式輔助夾背。雙腳足底三腳架抓緊地面並向外扭轉，推膝關節向前向外，推髖關節向前，同時挺胸調整出中立脊椎姿勢，過程要像吊單槓似地持續扯緊槓鈴。推膝推髖向前的過程中，臀部會稍微下降，但要儘量減少臀部下降的幅度，向前推進的動作直到小腿脛骨從側面輕碰槓鈴為止。此時身體應該完全進入準備姿勢，呈現脊椎中立、壓胸夾背、扭地夾臀的姿勢。

準備姿勢就緒後，接下來就可以發力並拉起槓鈴。發力初期是用力向下推地的過程，一邊推地的同時，一邊用力將髖關節向前「擠」進來，臀部與肩膀同步上升。槓鈴過膝後，要持續保持中立脊椎姿勢並推髖向前，將大腿往前貼槓，全程槓鈴對準腳掌心正上方的直線移動，直到站直至最高位置，最高點時依循著「夾臀、夾背、頭頂天」的動作要領，避免出現過度仰躺的動作，也要記得將膝關節和髖關節打直。下降過程是上升過程的相反，沿著相同路徑推髖向後並逐漸讓槓鈴降低，雙手保持握槓姿勢直到槓鈴完全放置於地面。若進行反覆訓練時，可以使用「靜態啟動」或「觸地即起」的技術，這兩種方式的要領可參照傳統硬舉，在此不再重複敘述。

早安運動

早安運動其實是一個介於深蹲和硬舉之間的動作，不考慮細節的情況下，可以粗略地說，早安運動是一個槓鈴背在背後的硬舉，也因此，早安運動的訓練效果可以遷移到深蹲和硬舉。

深蹲時背槓的方式雖然有高槓式、中槓式和低槓式，但是初期使用直槓做早安運動時，建議一律使用低槓式。這並不表示中槓式和高槓式絕對不可使用，不過槓位越高，向前傾倒之後頸部的壓力越大，對於志在鍛鍊頸部力量的運動員來說，這或許是個不錯的選擇，但是對於把早安運動當作下肢訓練的學員來說，沒有經過基礎訓練的頸部，可能反而會變成容易受傷的部位，或是成爲負重的表現限制因素。

相較於深蹲，早安運動的軀幹前傾角度要明顯大得多，這一點與傳統硬舉或RDL相當類似，又因爲槓鈴位置在背上，因此對下背的挑戰性很大，這讓早安運動在風險控管的需求上比RDL高出許多。因爲做硬舉訓練時，槓鈴是握在手裡的，如果動作過程中產生任何身體不適的現象，訓練者大可隨時棄槓，頂多就是發出噪音或是損壞場地器材，對人體來說是相對安全的。但是進行早安運動時，因爲槓鈴位於背上，如果動作過程發生任何不適，最直接的解決方法就是靠保護槓來保護，但這表示訓練者必須要做到動作的終點才能受到保護，即使訓練者經驗豐富，在感到不適時立即轉爲蹲姿蹲下，也仍然必須在身體不適的狀態下完成下蹲的動作。且相較於深蹲，早安運動雖然使用了相同的背槓位置，但是因爲身體前傾的角度較大，要棄槓相對困難。而在單人保護的狀態下，因爲臀部向後推，使得保護者難以施予保護。雙人保護或許可以解決單人保護的問題，但這樣的情形在大多數訓練場合中並不多見，而且保護者的熟練度和默契可能又會是另一個問題。因此，對於早安運動的基本建議是，初期訓練要刻意使用過輕的重量，並且在有保護槓的場地練習。此外，也要先確實掌握整個動作技術；每次訓練前先用輕負荷甚至徒手的方式，確認動作幅度全程都沒有任何不適；充分累積訓練經驗之後，才可以開始緩慢加重。在絕大多數的情況下，早安運動不適合用來當作最大肌力的測驗項目。

早安運動依照腳步的特性，有幾種常見的變化。具體而言，藉由調整站姿的寬度（寬站姿／窄站姿）和膝關節屈膝的程度（大屈膝／微屈膝），可以分爲四種：窄站姿直膝早安、窄站姿屈膝早安、寬站姿直膝早安、寬站姿屈膝早安（值得注意的是，習慣上所謂的「直膝」，實際上指的是微屈膝，因爲直膝負重容易對膝關節產生不當的壓力，不過因爲肌力訓練領域裡使用這類不精確的名詞已經行之有年，所以需要經常提醒）。以下將逐一介紹這些常見的早安運動版本。

窄站姿直膝早安運動（圖 4-10-1）

窄站姿直膝早安運動，其實就是槓鈴背在背上的羅馬尼亞式硬舉（RDL），只不過當槓鈴從握在手裡換成背在背上後，大幅改變了力學結構，因此重量會有明顯的差異。這個版本的早安運動，是純粹的髖屈伸動作，所以會有明顯的腿後肌參與。值得一提的是，雖然名爲「直膝」，但因爲保護膝關節的關係，仍會有微微的屈膝。動作初期用與深蹲相同的方式起槓，雙腳之間的距離約爲臀寬到肩寬之間。站定位置後，做好呼吸法，接著像做RDL一樣將臀部往後推，同時保持微屈膝以及中立脊椎姿勢，動作終點是腰椎到達水平位置。動作過程要保持憋氣，直到接近或到達動作的最高點，才吐氣換氣。因爲是微屈膝的姿勢，這個版本

（圖 4-10-1）四種早安運動站姿。

按照順序，分別爲窄站姿直膝早安運動、窄站姿屈膝早安運動、寬站姿直膝早安運動、寬站姿屈膝早安運動。

的早安運動，會對腿後肌群造成強力的刺激。

窄站姿屈膝早安運動

窄站姿屈膝早安運動，是類似低姿勢傳統硬舉的早安運動版本，因爲允許屈膝，腿後肌在膝關節被「釋放」出一些活動度，所以屈髖變得相對容易，軀幹比較容易前傾到腰椎水平位置。動作初期用與深蹲相同的方式起槓，雙腳之間的距離約爲臀寬到肩寬之間。站定位置後，做好呼吸法，保持中立脊椎姿勢，接著將臀部往後推，同時順勢屈膝讓槓鈴高度緩緩下降，動作終點同樣是讓腰椎到達水平位置。動作過程要保持憋氣，直到接近或到達動作最高點時，才吐氣換氣。值得注意的是，屈髖的過程中，屈膝是爲了配合屈髖，以達到腰椎水平位置，如果沒有把握好邁向腰椎水平位置這個大方向的話，屈膝屈髖的動作可能會到達類似深蹲的姿勢。

寬站姿直膝早安運動

寬站姿直膝早安運動，類似一個刻意把膝關節定在微屈膝姿勢的相撲式硬舉，因爲微屈膝的關係，所以會有明顯的腿後肌參與，又因爲站得特別寬的關係，內收肌群的伸髖功能也會被凸顯出來。動作初期用與深蹲相同的方式起槓，此時不建議直接使用寬站姿起槓，因爲寬站姿雙腳距離較遠，移動的時候有較大的重心轉換，建議先用普通的站姿起槓，先後退然後再將雙腳的距離調整爲寬站姿。調整好寬站姿之後，接下來就可以調整呼吸，鞏固核心，然後保持微屈膝狀態，將臀部往後推，直到腰椎到達水平線，然後再折返。

寬站姿屈膝早安運動

寬站姿屈膝早安運動，類似一個姿勢特別低的相撲硬舉，相撲硬舉的軀幹前傾角度取決於肢段比例，在下半身條件固定的情況下，軀幹前傾角度取決於手臂長度，當槓鈴已經碰地之後，身體就不會再前傾了，要在這個動作增加幅度以訓練更低的前傾角度，只能採取赤字相撲硬舉的方式把人墊高。不過，如果要達到腰椎水平的姿勢，可能要把人墊得相當高，此時槓鈴的位置可能會低到腳掌附近，甚至可能低於腳掌，這就不是一般器材可以輕易達到的條件。當槓鈴背在背上的時候，臂長造成的限制消失，訓練者可以輕易的壓低姿勢到腰椎水平線的位置。寬站姿早安運動的動作初期用與深蹲相同的方式起槓，與寬站姿直膝早安運動一樣，不建議直接使用寬站姿起槓，因爲寬站姿雙腳距離較遠，負重移動較爲困難，建議先用普通的站姿起槓，先後退然後再將雙腳的距離調整爲寬站姿。調整好寬站姿之後，接下來就可以調整呼吸以鞏固核心，接著在將臀部往後推的同時，順勢屈膝並讓軀幹向前傾倒，直到腰椎到達水平線後再折返。

在我們的訓練系統裡，無論哪個版本的早安運動，動作終點都是腰椎到達水平線，雖然半程的早安運動處處可見，很多人喜歡在較高的位置就折返，但這通常是因爲活動度的限制，或者單純只是想使用較重的重量。我們建議的腰椎水平位置，是一個肩膀略高於臀部的姿勢，許多學員在訓練初期可能不具備達到這個動作幅度的活動度或穩定性，但通常短時間的訓練和適應就可以有顯著的進步，建議在達到這個動作幅度之前，不要貿然增加重量，縮小動作幅度來換取更多重量的作法，通常是弊大於利。

值得再次提醒的是，任何版本的早安運動都建議在蹲舉架裡進行，保護槓是保護訓練者安全的最強防線，早安運動非常不容易用人力保護。此外，早安運動的容錯空間也比較小，一但技術失敗必須卸下重量時，保護槓必須近在咫尺，如果保護槓裝設的過低，訓練者很可能必須下降到危險的姿勢（如彎腰駝背、臀高於肩或是跪地）才能被保護，等於失去了風險控管的意義，因此，早安運動的保護槓必須一開始就設定在動作終點附近，最好距離在三公分以內。初學時甚至可以有一段時間，將保護槓直接設定在動作終點的高度，讓每一次反覆都輕碰保護槓再折返，等到肌力和技術都有所進步後，再將保護槓降低到動作終點下方。

雖然早安運動需要注意的事項較多，但是因爲效益非常顯著，值得花一段時間和注意力去做好所有可以確保安全的技術和環境。一旦可以安全地在早安運動系列動作中取得進步，深蹲和硬舉也很可能會因此獲得提升。

單腳羅馬尼亞式硬舉

單腳羅馬尼亞式硬舉（單腳RDL）是髖主導系列中「單邊訓練」的代表動作。單邊硬舉因為姿勢不對稱的緣故，支撐腳除了要在矢狀面用力之外，也必須在各個方向抵抗多餘的移動，尤其是抵抗旋轉方向。因此，單腳RDL訓練不僅僅是著重單邊用力的RDL版本，同時也是核心和髖關節抗扭轉能力的訓練動作。以下先介紹單腳RDL的動作要領。

動作流程（圖4-11-1）

動作初期，訓練者如同做RDL一般，先做好呼吸法，然後從蹲舉架上取槓，將槓鈴握在手臂呈懸垂姿勢，後退至動作位置之後，開始調整站姿。單腳RDL係用一隻腳支撐地面的RDL，因此調整站姿的第一步是先將重心挪到支撐腳上，接著讓支撐腳微屈膝約十五度，非支撐腳向後微微抬起，讓腳尖稍微離地。穩住了這個單腳支撐的姿勢後，可以再次調整呼吸法，接著開始讓軀幹向前傾倒。向前傾倒時，因為單腳RDL是一個單關節動作，也就是說，這個動作的主要訓練關節只有一個，就是支撐腳的髖關節，所以，軀幹向前傾時，非支撐腳也會跟著抬起，抬起的非支撐腳要儘量保持伸直，腳跟向後推出。前傾的終點位置是腰椎到達水平線的那一刻，此時非支撐腳的腳尖會指向地面，到達這個位置，就可以循著原路徑往回，回到站直的最高點位置。

單腳RDL有一些特別的注意事項。首先，前面提過單腳RDL是一個單關節動作，而且這個動作只發生在矢狀面，也就是說，支撐腳的矢狀面髖屈伸動作是單腳RDL唯一應該發生的動作，肩關節當然會隨著軀幹前傾，改變手臂角度而產生動作，但那是為了配合手臂抓握重量而產生的動作，而非主要的訓練動作。也因此，做單腳RDL的時候不但要完成支撐腳的髖屈伸動作，也要致力於讓身體其他部位或其他方向不產生動作。舉例來說，軀幹、非支撐腳的髖關節、支撐腳的膝關節等，就不應該產生動作。軀幹部位若不能夠有效抗動，就會產生

（圖 4-11-1）單腳羅馬尼亞式硬舉動作示意圖。

1. 準備動作與 RDL 類似，單腳 RDL 係用一隻腳支撐地面的 RDL，因此調整站姿的第一步是先將重心挪到支撐腳上。

2. 接著讓支撐腳微屈膝約十五度，非支撐腳向後微微抬起，讓腳尖稍微離地。穩住了這個單腳支撐的姿勢後，可以再次調整呼吸法，接著開始讓軀幹向前傾倒。

3. 前傾的終點位置是腰椎到達水平線的那一刻，此時非支撐腳的腳尖會指向地面，到達這個位置，就可以循著原路徑往回，回到站直的最高點位置。

彎腰駝背的現象，非支撐腳的髖關節若不能「鎖住」，可能就會發生軀幹前傾和後腳抬高成爲兩個各自獨立的動作；而支撐腳的膝關節若不能控制在微屈膝的狀態，就會變成單腳半蹲。這樣的現象屢見不鮮，初學者做單腳RDL時常犯的許多錯誤，都跟無法固定不該移動的部位有關。

除了不該產生動作的「部位」之外，不該產生動作的「方向」也要注意。支撐腳的髖關節只做髖屈伸的動作，如果產生旋轉，就會造成整個姿勢失調。正確的單腳RDL應該保持下背左右等高，但是許多人在接近或到達腰椎水平位置時，腰部的左右高低不同，同時，非支撐腳的腳尖也無法指著正下方的地面，變成斜指向外。發生這些情形時，通常意味著支撐腳的髖關節已經產生矢狀面以外的移動，修正時不是去調整左右不同高的下背，也不是去引導學員用力把腳尖轉回來指向地面，而是檢查髖關節的動作是否已經改變。

初期訓練，許多學員未必具備單腳RDL所需的平衡感，因此會在歪七扭八的過程中不斷嘗試。雖然嘗試錯誤是動作學習歷程中常見的現象，但是如果嘗試錯誤的過程太過於離散，無法邁向越來越好的控制力，則有必要暫時退階訓練。單腳RDL常見的退階訓練，是先不使用槓鈴，讓雙手輕輕扶著蹲舉架，然後試著做出標準的單腳RDL動作（圖4-11-2）。輕扶蹲舉架的雙手不是用來抓握蹲舉架以製造支撐力，而是藉由手接觸穩固的東西，來提高身體穩定性的回饋。許多初學者可能會過度依賴蹲舉架，變成把蹲舉架當成拐杖一樣用力撐，其實經過解釋之後，很多人都會發現，輕輕接觸的回饋，就足以讓身體「放心」做出穩固的動作。經過一小段時間的練習，就可以逐漸連輕接觸都不需要，直接完成徒手的單腳RDL，一旦連徒手的版本也熟練之後，拿起槓鈴來練習就會比之前簡單得多。

跟RDL相同之處，在於單腳RDL的動作終點也是腰椎水平線，因此槓鈴是否碰地並非動作完成與否的決定因素。訓練初期就應該要引導學員的注意力至腰椎位置，否則通常學員會主觀的以降低槓鈴爲目的，不自覺地放鬆夾背姿勢、伸長雙手或甚至彎腰駝背。

以上爲槓鈴下肢訓練的主要動作，接下來探討上肢訓練。

(圖 4-11-2)

單腳 RDL 常見的退階訓練，是先不使用槓鈴，讓雙手輕輕扶著蹲舉架，然後試著做出標準的單腳 RDL 動作。

CHAPTER 5

上肢肌力訓練

上肢肌力訓練與下肢肌力訓練背後依循的概念相同，是盡可能採取大肌群多關節的大重量動作，盡量使用大的動作幅度，且遵守中軸穩定、四肢發力的基本原理，這些原理讓上肢訓練的主要項目大多是全身肌群都能參與的動作。事實上，如果要以最嚴格的定義來看，其實所有大肌群多關節的大重量動作都是全身性的，屬於下肢訓練的蹲舉和硬舉，其過程上半身的肌群和關節也都扮演著重要的角色，而屬於上肢訓練的臥推、肩推和屈體划船等動作，下半身也都提供著重要的穩定支撐。所以可以說，絕大多數的肌力訓練主項目都是全身性的，而所謂的上半身和下半身的分野，只不過是在描述產生動作的肢體是上半身還是下半身，而不是在描述參與用力的肢體是上半身還是下半身。

上半身主要的人體自然動作有水平推、水平拉、垂直推和垂直拉，所有上半身的主要肌群都在這些動作的涵蓋範圍，因此，無論以肌群的角度，或是動作型態的角度，所謂均衡的訓練課表，其實就是盡可能在一週內要「均衡攝取」水平推、水平拉、垂直推和垂直拉的訓練課表，就算不管水平或垂直，最低限度也要均衡訓練上肢的推力和拉力。經驗上，均衡的上肢訓練通常與較低的上肢關節疼痛和傷害有關，推和拉的訓練嚴重失衡的時候，往往會有較高的受傷機率。

水平推、水平拉、垂直推和垂直拉的代表動作分別是臥推、划船、肩推和引體向上及它們的變化動作，以下就依序討論各個方向的主要訓練動作及注意事項。

臥推

臥推可以說是上肢訓練最重要的項目之一，雖然在許多圍繞在功能性議題的討論裡，臥推被視爲功能性較低的動作，因爲仰躺在特定高度的板凳上，讓雙手用力推，似乎與大多數競技運動或是日常生活的情境大不相同。不過，肌力訓練的用意不在於模仿專項運動，肌力訓練動作與專項動作之間的相似性是可遇不可求的，如果剛好有肌力訓練動作與專項動作非常類似（例如前抱式深蹲與角力抱摔動作），當然會有很高的遷移效果。不過要知道，肌力未必只能在相同或相似的動作上有遷移效果，當肌肉最單純的收縮能力變強時，不同動作仍然是有機會遷移的。所以，臥推的價値，在於它可以讓上肢負擔非常重的重量，遠高於肩推或是彎舉等常見的上肢動作，因此即使我們仍然會使用很多其他上肢動作，這個壓力極大且動作幅度尚稱充足的動作，就成了課表中不可或缺的項目。

安全性値得注意

値得特別提到的是臥推的安全性問題。如果你在健身房工作，你應該要知道健身房裡兩個很危險的地方，一是心肺訓練區，二是臥推架。心肺訓練區的危險之處在於，在低強度消耗的過程中，「量力而爲」和「盡力而爲」的界線變得不太清楚，不熟悉自己身體狀況的會員，可能會在各種鼓舞下運動過了頭；而臥推架之所以同樣被認爲是高危險區，是因爲臥推時人體仰臥在槓鈴下，有被壓傷的風險。所有槓鈴比人高的動作都屬於高風險動作，其中又以臥推最需要注意，因爲許多槓鈴比人高的動作如肩推、抓舉、挺舉等，重量都是被人推上去的，換言之，訓練者必須先有足夠的力量把重量推上去，才有資格進入重量比人高的危險位置。在正常、循序漸進的訓練下，高舉過頭的重量都會在自己能力範圍之內，除非發生極端事件（例如舊傷突然復發），不然即使發生意外，通常也比較容易自救。臥推則不一樣，訓練時，要達到重量比人高的相對位置，人只需要躺下，也就是說，這個人不需要經過任何力量的資格限制，就直接進入重量比人高的危險位置。且因爲重量的移動是從高到低，再從低到高，即使是有經驗的人，在挑戰大重量臥推時，也很難在重量下降之前就發現問題，通常都是重量下降後，被槓鈴壓得動彈不得才發現大事不妙，無人指導的初學者更是有可能做出千奇百怪的事情，讓風險倍增。

爲了因應這些風險，針對臥推有以下建議的注意事項：首先，保護槓是最強防線，「不建議使用沒有保護槓的臥推架」。保護槓設定的高度，應該要比躺下的訓練者的脖子高，比挺胸之後的胸口低。這樣設定保護槓高度的用意在於，一旦訓練者力竭，無法將槓鈴推回掛鉤的高度時，槓鈴最終的位置位於胸口，此時訓練者有機會將槓鈴順著胸口往頸部方向移動，在接觸到頸部之前，槓鈴的重量就會被保護槓承接，訓練者可以利用槓鈴下方有限但充足的空間逃脫，過程雖然有點狼狽，但至少可以安全脫困。對於胸膛厚實或是挺胸幅度大的訓練者來說，胸口和頸部的高度差異不小，但是對於身材非常瘦削且習慣平躺的訓練者來說，胸口跟頸部的高度可能差異不大，此時保護槓設定的原則仍然是要明顯高過頸部，這可能會導致槓鈴下降過程幾乎會碰觸到保護槓，但是考量到安全性，有時必須做出必要的折衷。

其次，保護者是另一個可行的安全措施，不過保護者並不像保護槓一樣，保護槓除非高度設定錯誤，否則設定好的保護槓可以視爲不會變動的因素，保護槓不會晃神，不會亂入，也不會沒力，永遠擋在那裡，是最強的防線。人力保護則不一樣，只有力量強大且經驗豐富的保護者可以給人充分的保護，臨時請來幫忙的路人有可能輕忽、缺乏默契或是根本力量不足，不是保護者的好人選。

保護者最有幫助的功能應該算是協助起槓和收槓，也就是在訓練者把槓鈴從臥推架的掛鉤上推起來的那一刻，以及完成動作之後把槓鈴掛回去的那一刻，保護者可以幫忙導引方向，同時提供部分力量協助，讓訓練者在經歷重量移動的過程中可以少一些受傷的風險。從架上取槓的位置其實不太容易用力，許多訓練者有十足的能力完成一次臥推，卻在起槓的過程消耗太多力氣甚至受傷，保護者的協助可以避免這種情形發生。綜合以上所述，除非確定保護者經驗豐富且肌力夠強，否則不要因爲有保護者就不用保護槓。

如果使用保護者，保護者站立的位置建議在仰躺的訓練者頭部上方，而且要避免跨在訓練者臉上。但這會讓保護者站在距離槓鈴相當遠的位置，越遠就越不利於用力，所以在腳步上可以有所調整。建議站姿可用一腳前一腳後的高分腿姿勢，或是直接以斜向腳步站立，讓一隻腳踏在訓練者臉旁邊的地板上，另一隻腳站在訓練者頭頂方向的地板上，有了踏前的一隻腳，就可以讓保護者有較穩固的基底面積去支撐有力的姿勢。

保護的方式分爲「全程保護」和「待命保護」，臥推的全程保護指的是全程動作中，保護者的手都緊跟著槓鈴移動，保護者握槓的雙手要避開訓練者的雙手和身體，並且用正反手的方式，在槓下一兩公分處虛握，不實際接觸槓鈴，唯有在訓練者槓鈴倒退或在低點無法移動時，才馬上實握，並且在與訓練者協力的狀況下，一起把槓鈴掛回掛鉤上，這種方法比較常用於挑戰最大肌力時。

待命保護指的是除了起槓和收槓外，保護者都只在位置上準備，雙手不跟著槓鈴移動，唯有在訓練者槓鈴倒退或在低點無法移動時才介入，這種做法適用於大多數有計劃的訓練，因爲選取的重量通常是能力所及的，只需要協助起槓和收槓即可。無論用哪一種訓練方式，一旦保護者介入，就直接讓兩人協力將槓鈴掛回，不建議在已經需要保護者出力的情況下繼續動作。如果想要藉由保護者的協助增加多次反覆以累積訓練量，其實不如直接結束這一組，然後減輕重量後再繼續訓練。畢竟讓保護者連續保護的方式，無法確知實際上有多少重量是由訓練者推起來的，爲了掌握眞實的訓練進度，建議保護者的角色僅限於幫助起槓、收槓和救援少數非預期的失敗動作。

沒有保護者且沒有保護槓的情況下，極度不建議訓練槓鈴臥推。如果要練，建議改採啞鈴臥推，因爲一般來說，啞鈴臥推比較不容易壓到人。不過要注意的是，啞鈴臥推的技術需求未必少於槓鈴臥推，訓練者要先評估自身能力。如果沒有保護者也沒有保護槓，又因爲某些原因非練槓鈴臥推不可的話，最後的手段是槓鈴不加卡扣，一旦失敗，可以將槓鈴傾斜，讓槓片滑落，訓練者可以在驚天動地的巨響中脫身。要知道臥推最糟糕的狀況就是槓鈴直接壓在人身上，而人卻動彈不得，這樣狀況可能會導致非常危險的後果，不可不愼。

談完了臥推的安全議題，接下來討論臥推的技術。教學上，臥推特別有意義的地方，在於它是解說「中軸穩定，四肢發力」的重要例子。下肢訓練動作如深蹲、硬舉等，因爲脊椎直接負擔重量，中軸不穩時動作根本無法順利完成，大多數學員很容易感受到其中的差異。不過在我們的教學經驗裡，許多人都曾體會過一件事，就是即使像臥推這樣脊椎沒有直接負重的動作，中軸的穩定性仍然會影響最後能夠發揮的力量，因此臥推成爲一個體驗人體發力原理的重要範例。「穩定性換得力量」的概念，在學習臥推的過程中可以充分的展現。以下討論臥推的動作流程。

動作流程

起槓姿勢（圖5-1-1）

我們先來討論臥推的動作流程，並且說明這些流程當中的注意事項，以及可以方便記憶的口訣。先從起槓的姿勢說起，臥推開始時，槓鈴位於臥推架上，一般建議在動作初期，先將槓鈴「滾」到掛鉤的邊緣，離直柱越遠越好，這樣可以降低掛鉤在動作過程中的干擾。掛鉤就定位後，訓練者可以在仰臥的姿勢微調一下位置，一般而言，仰臥的位置，大約是讓槓鈴位於眼睛到下巴之間的正上方，具體位置與掛鉤的設計形式有關。如果掛鉤尖端並未超出槓鈴許多，可以偏向下巴對槓；如果掛鉤尖端超出槓鈴許多，或是槓鈴仍處於掛鉤深處，則可以偏向眼睛對槓。總之，目的是希望在動作過程中儘量避免槓鈴碰撞掛鉤。掛鉤高度應該

（圖5-1-1）起槓姿勢。

1 仰臥的位置，大約是讓槓鈴位於眼睛到下巴之間的正上方。（視掛鉤的形式而定）

2 掛鉤的高度，應該設定在雙手推到最高點附近。

設定在雙手推到最高點的附近，如果掛鉤太低又沒有保護者幫忙起槓，會迫使訓練者以一個糟糕的姿勢做半臥推，如果重量又很重的話，起槓這一推可能比實際臥推的風險還高。

握槓（圖5-1-2）

槓鈴位置和訓練者仰躺的位置都確定後，接下來要討論握槓。手掌握槓的位置與手腕的壓力息息相關，不適當的握槓方式可能會導致手腕受傷，一般來說，臥推時手腕可以保持中立姿勢，不屈腕也不伸腕，如此最能避免手腕受傷。不過，一般人握槓時，通常傾向用掌心握槓，這會造成一個問題，就是握槓握在手掌上偏高的位置（偏向手指方向），當槓鈴相當重的時候，很容易「翻手腕」，導致手腕過度伸展，造成手腕受傷的風險。爲了避免這樣的情形發生，比較推薦的作法是握在手掌上較低的位置（偏向手腕方向），具體而言，要讓槓鈴壓在掌底外側，讓掌底外側頂槓，如果從掌紋來看，槓鈴應該要壓在「生命線」和「智慧線」之間。這是一個天生強健的部位，學過國術或跆拳道的人可能知道，這個部位對一般人來說，是相對堅硬的手掌部位，鍛鍊後甚至可能劈磚碎瓦。將槓鈴壓在這個部位有一個好處，就是當掌底偏外側位置頂槓時，槓鈴正下方就是前臂的骨骼，用這個位置負重比較不會造成「翻手腕」的現象，也能更直接的發揮手臂對槓鈴的支撐力。不過，讓掌底外側頂槓時

（圖5-1-2）臥推握槓注意事項。

1. 一般來說，臥推時手腕可以保持中立姿勢，不屈腕也不伸腕。
2. 讓槓鈴壓在掌底外側，讓掌底外側頂槓，如果從掌紋來看，槓鈴應該要壓在「生命線」和「智慧線」之間。
3. 要滿握同時又要讓掌底外側頂槓，就必須要使用「斜握轉正」的技巧。

需要解決一個問題，就是當槓鈴與掌底切齊時，大拇指不太容易握槓，許多人乾脆採取「開握」的方式，讓五指同側，這樣就可以順利的讓槓鈴壓在掌底。不過我們並不推薦這種做法，因爲臥推是一個重量比人高的動作，只要有任何一點閃失造成槓鈴脫手，後果都會相當嚴重，即使是經驗豐富的老手，也禁不起發生一次這種意外，所以還是建議要滿握。要滿握同時又要讓掌底外側頂槓，就必須要使用「斜握轉正」的技巧。

「斜握轉正」和「扭槓夾肘」

所謂的斜握轉正，指的是握槓時，手肘先往外轉，讓手掌用斜的角度對槓，掌底外側先頂到槓鈴，掌底外側頂到槓鈴以後，手用力握緊槓鈴，再將前臂轉正，讓手肘回到握槓位置的正下方附近。

斜握轉正時，手臂同時在做一件跟深蹲硬舉的「扭地夾臀」相當類似的事，就是「扭槓夾肘」。扭槓夾肘是「斜握轉正」的延續，同時藉由旋轉力矩鎖緊手腕、手肘和肩膀多餘的活動度。跟「扭地夾臀」一樣，「扭槓夾肘」也是個力道，而不是一個明顯的動作，過度的夾肘動作會讓肘關節離開該在的位置，造成壓力和不適，所以，扭槓夾肘只是一個制衡手肘外開的動作而已。「斜握轉正」和「扭槓夾肘」同時完成，整個過程像是試圖要把手中的槓鈴折彎。至此，手臂的位置大致就緒，接下來要探討肩膀和肩胛骨在臥推中扮演的角色。

肩膀和肩胛骨

從結構上來看，臥推的肩胛骨，就像深蹲的腳一樣，屬於支撐壓力的最低結構，而從人體發力原理來看，「穩定性換得力量」，穩定的結構造就發力的條件。所以，深蹲的過程中腳步一定要站穩，如果地板太滑、鞋底太軟，或是足弓無力，都會讓整個深蹲大受影響。深蹲時腳步要穩穩站在地上，同樣的，臥推時肩胛骨也要牢牢固定，偏偏肩胛骨處於一個會滑動的結構，要定在原地並不容易，所以，一個有效的方法是讓肩胛骨盡量往中間位置靠近，並且從上下左右四個方向施加壓力，使其固定於一個不會移動的位置。要如何固定肩胛骨呢？接下來要介紹的兩句指導口訣是「挺胸夾背」、「推地夾臀」。

「挺胸夾背」與「推地夾臀」

「挺胸夾背」的意思是讓訓練者在仰臥的姿勢下，用力將胸口往槓鈴方向抬高，同時用力收緊肩胛骨，將肩胛骨往人體中線靠得越緊越好，讓互相依靠的肩胛骨提高整個臥推結構的穩定性。向中間靠攏的方式，控制了肩胛骨在人體橫向移動的問題，至於肩胛骨在人體縱向的移動，需要以推地夾臀的方式來控制。「推地夾臀」的操作方式要從肩膀和上背說起，扭槓夾肘和挺胸夾背的過程中，肩膀呈現了沉肩的姿勢，也就是聳肩的相反，此時上背應該要用力貼緊板凳，利用上背與板凳之間的摩擦力固定自己。這就是爲什麼有些健力選手臥推時，喜歡在上背衣服上擦滿止滑粉，而某些知名品牌的運動衣，會在上背配置具有止滑功能的橡膠材質，這除了可以在深蹲時方便固定槓鈴，更重要的功能是在臥推時提高背部與板凳之間的摩擦力，有利於提高穩定性（因爲這個功效太顯著，許多正式比賽會禁止穿著這類衣服）。爲什麼上背和板凳之間需要如此大的摩擦力呢？因爲當訓練者用力「推地夾臀」的時候，如果上背和板凳之間的摩擦力不足，可能會把自己推離原位。

「推地夾臀」的用意有好幾層。從肩膀和上背的層次來看，目的是爲了幫助固定肩胛骨，畢竟那是直接乘載重量的最底層結構，固定的方式是利用上背與板凳之間的摩擦力，加以用雙腳推地，把臀部往肩膀方向推，造成一個堅固的「自然拱腰」姿勢。所謂的自然拱腰，指的是利用腰椎本身的活動度達成的拱腰姿勢，不需要刻意增加腰椎柔軟度即可達成。上背和板凳之間的摩擦力，以及推地夾臀的力量，這兩股方向相反的力量，剛好固定了拱腰姿勢的拱橋結構。由於臥推時槓鈴重量並未直接穿越脊椎骨，即使此刻腰椎已偏離中立脊椎姿勢，呈現過度伸展（hyper-extension）的姿勢，也不會對腰椎造成危害。不過，這個結構的安全性有賴臀部和上背的支撐力，如果推地的力道方向錯誤，導致臀部離開板凳，原先從上背到臀部之間的短拱橋姿勢，突然變成上背到地板的長拱橋姿勢，瞬間增加了腰椎的壓力，這時就會讓動作變得不安全。所以，推地夾臀的重要注意事項，就是要朝水平方向推，讓臀部推向肩膀，而非推向天花板。

推地夾臀另一層更重要的意義，是幫助上半身的力量與地板支撐力相連結，在這裡「穩定性換得力量」的現象可以表現得淋漓盡致。許多初學者會認爲臥推是純粹上半身的動作，因此雙腳都「睡著了」，處於放鬆不用力的狀態。這樣的狀態會大幅影響手臂的推力，我們其實可以這樣說，雖然槓鈴訓練動作中，有主要以下肢關節產生動作的項目（如深蹲和硬舉），也有主要以上肢關節產生動作的項目（如臥推、肩推、划船等），但是沒有純粹的上半身項目和下半身項目。所謂的上半身訓練和下半身訓練，其實只是方便分類的稱呼，事實上若沒有下半身的參與，臥推不可能發揮最大力量；沒有上半身的繃緊和用力，深蹲和硬舉也不可能舉起大重量。因此，推地夾臀其實是在製造強而有力的地基結構。腳踩地的腳步可以有很多種，通常是隨個人的「力量感」決定，一旦腳牢牢固定在地上，接著就要施力將臀部往肩膀方向推，此時夾臀的指導語可以提醒臀部用力，控制任何一點多餘的活動度。

核心在臥推的角色

核心在臥推也扮演著重要角色，即使如前所述，腰椎的姿勢已經不像深蹲和硬舉一般呈現中立姿勢，但是整個核心仍然扮演著傳遞下肢支撐力量到上半身的功能，因此一樣需要做足呼吸法。深蹲和硬舉的過程中，我們很重視要將吸氣造成的壓力往下壓，以鞏固核心，這是因爲深蹲和硬舉時，脊椎是直接負重的結構，臥推時，雖然鞏固核心一樣重要，但是呼吸的方式略有不同。臥推時，「吸氣閉氣」的動作是在已經呈現拱腰姿勢的狀態下，用原姿勢吸飽氣以後固定，與深蹲和硬舉的不同之處，在於少了「壓胸夾背」的動作。腹背肌群一樣需要用力繃緊以鞏固核心，避免雙腳支撐地面的力量，與肩胛骨的穩定性脫節。

槓鈴碰胸注意事項

槓鈴碰胸要停留多久，有不同的作法，這與下肢用力的方式有關。先講停留的模式，除了不建議採行前述的撞擊反彈外，可行的作法有兩種，與硬舉很像，一種是「碰胸即起」（touch-and-go），一種是靜態啟動，由於這與下肢用力的方式有關，在此就一起說明。臥推的過程中，下肢做的是推地夾臀的動作，有些人的作法是在槓鈴下降的過程持續保持推地用力，直到槓鈴碰胸後再被推回最高點時，都持續推地夾臀的力道。這種「持續用力」的作法當然可以維持整體的穩定性，不過這並不是唯一的作法；也有些人喜歡在槓鈴下降的過程逐漸增加推地的力量，在槓鈴碰胸的那一刻達到推地力量的高點，藉著這個最用力推地的時刻所達成的穩定性極大值，用力將槓鈴推回最高點，換言之，這種方法是用「逐漸用力」的方式，製造出穩定性的極大值去輔助手臂的推力；第三種作法是在槓鈴下降的過程持續保持推地的力道，不過在槓鈴碰胸時，短暫停止片刻，讓雙腳先用力推地。這個推地的動作可以突然大幅升高整個姿勢結構的穩定性，達到穩定性極大值時就順勢出手，將槓鈴推回去，過程中有一個短暫的時刻，先後完成了「腳推，手推」。我們會發現，「碰胸即起」適合與下肢「持續用力」或「逐漸用力」搭配；靜態啟動適合與「持續用力」、「逐漸用力」和「腳推，手推」三者搭配。這些做法都是可行的，至於選擇哪一種方式，要看學習者的理解和偏好。

無論用哪一種方式，從低點用力將槓鈴往上推時，要記得保持夾背姿勢，因爲夾背關係到穩定性，而且前面一大堆的技巧都是爲了營造肩胛骨的穩定性，若是推起的前一刻突然鬆懈掉，等於前面都白費功夫了，因此上推的過程要保持「夾背向上」，想著伸直手臂即可。有些教學方法爲了強調臥推練胸的效果，會刻意強調夾胸，不過其實以力量而非線條爲訓練目標時，其實無需刻意增加這段夾胸的動作，也可以練到力量。亦有一些教學方法認爲上推至一定程度後，應該允許肩胛骨順勢前引。理論上來說，過了障礙點後，移動肩胛骨似乎已經沒有危害，不過這個分寸不容易拿捏，所以初學階段仍建議專注於夾背，持續保持肩胛骨的穩定性。

臥推的最高點是手肘打直那一刻。許多人對手肘打直有所疑慮，認爲應該要在完全打直之前就停止動作，不過從經驗上來看，健康的手肘應無需忌諱打直，肘關節天生就會過度伸展的人，或是打直手肘會感到不適的人，可能需要使用不同的方式，不過對大多數人來說，手肘打直不會產生什麼特別的問題。手肘打直的那一刻，由於力學上的優勢，會感覺比推動的過程輕鬆，此時可以吐氣換氣，準備下一次動作。所有動作結束時，可以將槓鈴直接掛回掛鉤。掛回掛鉤時跟深蹲一樣，無需仔細尋找掛鉤讓放置槓鈴的位置，只需要讓槓鈴回貼到臥推架的直柱上高於掛鉤的位置，然後順勢滑下來就可以滑進掛鉤的範圍。若有保護者，可協助完成這個過程，以減輕收槓時對肩膀可能產生的壓力。

流程複習（圖 5-1-3）

所以，我們從頭回顧一下起槓前的各個口訣。握槓的第一個動作是「斜握轉正」，同時手臂的動作是「扭槓夾肘」，身體的姿勢是「挺胸夾背」，然後用「推地夾臀」的方式連結上下半身的力量。

姿勢全數就定位時，才深吸一口氣，用「吸氣閉氣」的方式鞏固全身的穩定性。這一切準備動作都發生在起槓之前，直到這一刻，身體才準備好要將槓鈴從掛鉤上推起。這個概念與深蹲一樣，背起槓鈴那一刻，身體就要承受所有的重量，槓鈴不會等到開始蹲的時候才變重；同樣的，臥推的雙臂從起槓那一刻，就要支撐槓鈴全部的重量，槓鈴不會等到要開始推的時候才變重，因此起槓前就要用呼吸法凝聚所有的穩定性，以換得輸出力量的能力。

無論是在保護者的協助下，或者是由訓練者自行起槓，起槓後要立即將槓鈴移到手臂打直的準備位置。這時通常槓鈴會對齊鎖骨或上胸正上方，且有一個再次調整呼吸的機會，可

(圖5-1-3)臥推流程示意圖。

1 起槓後，立即將槓鈴移到手臂打直的準備位置。

2 下降的過程，第一是持續維持整體張力，第二是藉機強化夾背的力量。槓鈴最低點會碰胸，約爲心窩（劍突）附近。

3 上推過程要保持「夾背向上」，最高點是手肘打直那一刻。

4 動作結束時，將槓鈴直接掛回掛鉤。

以重新吸氣閉氣，確保動作開始時有足夠的體腔內壓和穩定性。不過有些人偏好直接開始動作，這兩種做法都可以，由於臥推行程較短，訓練經驗豐富的人甚至可能從起槓開始，連續做兩、三下反覆後才第一次吐氣換氣。

槓鈴下降的過程不是放鬆被壓的過程，不要因爲槓鈴下降的目的地是碰胸，就放軟讓槓鈴自己下來。下降的過程有兩個任務要達成，第一是持續維持整體張力，第二是藉機強化夾背的力量。要同時做到這兩點，有效的方法是一邊維持扭槓夾肘的力道，一邊想像自己正在做槓鈴划船，槓鈴不是自己掉下來，而是用緊繃的雙臂緩緩拉下來的，這個動作的口訣是

「划船向下」。這樣的意象可以引導兩件事，第一，維持扭槓夾肘的力道可以避免放鬆，上手臂維持張力，以利後續上推時的發力；第二，划船的想像使訓練者再次藉由槓鈴下降的過程強化「挺胸夾背」的結構，鞏固肩胛骨的穩定結構。

槓鈴的最低點會碰胸，稍微仔細觀察應該就會發現，碰胸的位置不在鎖骨，而在心窩（劍突）附近，這是因爲在扭槓夾肘和挺胸夾背的前提之下，槓鈴產生的斜線路徑。這個過程中，手腕和手肘都在槓鈴的正下方，盡量不要偏離。槓鈴與身體接觸的方式，是輕貼而非重壓，更沒有反彈，所以常見的引導方式是教學員用槓鈴碰衣服就好，不要藉由撞擊身體的反彈力增加舉起的重量，這在許多動機強烈的學員身上十分常見，要刻意提醒避免。碰胸之後，在下肢穩定的輔助下，保持夾背姿勢，將槓鈴推到最高點。

以上是臥推的動作流程，接下來討論水平拉系列動作：屈體划船和反式划船。

划船系列動作

屈體划船

屈體划船是槓鈴上肢水平拉的代表動作，這個動作相當常見，不過動作準則也很不一致，雖然正確有效的方法不只一種，但是在訓練初學者時，至少要依循一些能夠確保效果和安全性的方法，以下介紹的方式，就是以學習者易學的角度出發所設計的流程。

屈體划船的基本動作結構，是在一個類似直膝硬舉動作終點的姿勢，做與臥推路徑相似但方向相反的拉起重物動作。從這個角度來看，學習屈體划船的先決條件，是已經熟悉硬舉的姿勢，並且有足夠的力量維持這個姿勢，簡單來講，就是要先學會硬舉。一旦學員有硬舉的基礎後，屈體划船就可以成爲上肢水平拉的主要槓鈴動作，這個動作不但可以作爲背部肌群的主訓練項目，也可以當作硬舉的輔助項目，提升脊椎穩定肌群的力量和功能。

動作初期，槓鈴像硬舉一樣擺在地上，訓練者保持中立脊椎姿勢，屈髖向前握槓，正手反手皆可。此時槓鈴對齊腳掌心，肩膀向前超過槓鈴，上述姿勢與傳統硬舉的準備姿勢大致相同。膝關節呈現微屈膝的角度，這是與傳統硬舉最大的不同點，保持這種類似直膝硬舉的姿勢，目的是爲了讓槓鈴可以順利通過小腿前側。傳統硬舉的動作過程，槓鈴之所以可以順利通過小腿前方，是因爲伸髖將槓鈴拉上來的過程，膝關節也逐漸伸直，所以傳統硬舉的起點姿勢可以推膝向前，讓脛骨前側輕觸槓鈴，也讓膝蓋略爲超過槓鈴前方。反之，屈體划船的動作過程，移動的是槓鈴而非人體，所以膝關節必須預先讓路，才會呈現出直膝硬舉的起點姿勢。有些學員沒有足夠的活動度，或是因爲肢段比例的關係，不容易做出屈體划船的起始姿勢，此時有幾個選擇，一是讓膝關節多屈一些，呈現類似傳統硬舉的姿勢，但是讓槓鈴往前方移動一些，約莫腳掌心的前方，這樣拉上來時便可以避開膝關節。之所以可以這樣做，是因爲屈體划船的重量通常不及硬舉，將槓鈴擺在略爲偏離腳掌心正上方的位置，對於整體重心位置的影響，可能仍在學員的承受範圍，如果發現使用這種方式會造成身體其他部位姿勢改變，就不能使用這種方式。另一種方式更簡單，就是直接墊高槓鈴，高度依照學員的個別需求，通常只要墊高十公分左右，就會讓動作變得簡單許多。不過這樣做也需要注意，槓鈴墊高時，軀幹的前傾角度可能會跟著減少，上半身逐漸抬高。原先理想的狀態是腰椎概略呈水平姿勢，如果軀幹抬高就會讓屈體划船逐漸離開「水平拉」的角度，這並不表示動作錯誤，也不見得有顯著的危險，但是如果訓練的目的是訓練水平方向的拉力，就要盡量對準水平拉方向訓練。

動作流程（圖5-2-1）

槓鈴從地面而起，先利用「吸氣閉氣，壓胸夾背，扭地夾臀」的技巧，將腰部以下的身體部位全部保持穩定，不做額外的動作，以利後續上肢用力將槓鈴拉起的動作。上肢的發力起於背肌，循著肩胛骨向後向下夾的方向，在呼吸法的穩定力量下，核心先行鞏固，然後發力將槓鈴拉起，直到觸碰胸腹之間的身體部位爲止。

這個過程要盡量保持全身的穩定性，這一點只能依賴自我要求，重量越來越重的時候，會有一個驅力讓人想要往前壓低胸部，讓槓鈴提早碰到來完成動作，這種情形在壓力的驅使下很不容易避免。所以，教練除了盡量要求之外，同時也要知道，屈體划船這個動作很少做最大肌力測試，因爲重量接近個人極限時，學員通常不會選擇失敗，而是不由自主地縮短行程，因此在大多數的情況下，屈體划船都是以連續多次（例如5至10次）的方式進行多組訓練。

槓鈴觸碰胸腹之間的身體後，上升過程已經完成，槓鈴可以開始折返回起點，此時應該在有控制的情況下，讓槓鈴對準腳掌心放回地面。這不是要刻意用槓鈴砸地板，也不是要在還沒觸地之前就折返，而是要讓槓鈴刻意接觸地面，用意是避免產生反覆「甩腰」的動作。許多人在訓練屈體划船動作時，都會在槓鈴落地之前就拉回，這當然不能說是錯誤動作，只不過根據經驗，槓鈴下降到最低點，隨卽又被再次拉起的過程中，很多學員會在這一瞬間突然發生駝背或是姿勢走樣的現象。此外，因爲維持屈體姿勢相當費力，多次反覆後許多學員會逐漸抬高軀幹角度，讓屈體划船越來越像直立高拉。爲了避免腰部角度改變的風險，同時

（圖5-2-1）屈體划船動作示意。

1 槓鈴從地面而起。

2 槓鈴觸碰胸腹之間的身體後，上升過程已經完成，槓鈴可以開始折返回起點此時應該在控制下，讓槓鈴對準腳掌心放回地面。

又可以持續校正動作的角度，因此建議每一次都將槓鈴輕放回地面再拉起來。槓鈴碰地時，可以進行吐氣換氣，然後重複整個動作流程，直到完成預計完成的次數。若是發現已經無法維持姿勢的穩定性，就應該終止動作。

屈體划船常見的錯誤，是將這個動作誤解爲手臂訓練。雖然手臂的力量在這個動作中扮演重要角色，但是更重要的是讓手臂的力量可以跟背肌連結。所以，指導初學者訓練時，應特別引導並說明如何使用「夾背」的力量，必要時甚至可以將夾背動作與手臂動作分段訓練，引導學員先夾背，再用手臂順勢將槓鈴拉起，待兩階段的動作都掌握要領後，再恢復爲正常的連續動作。

反式划船

嚴格說起來，反式划船是一個徒手訓練動作，因爲這個動作主要的阻力就是訓練者自身的體重，不過因爲這個動作的效益很高，而且也有增加體外負重的潛力，所以也常被安排在自由重量訓練的課程裡。

反式划船的動作很像反向操作的臥推，不同的是，臥推是把重量推上去，反式划船是把自己拉上去，此外，臥推的雙腿屈膝，雙腳踩地，標準版本的反式划船則是全身打直，保持直膝直腿做完全程動作。最後，臥推從頭到尾都躺在板凳上，反式划船則是從開始的時候背後就沒有支撐，板凳是用來墊高雙腳的。

在重量訓練室最容易操作這個動作的方式，是利用架在蹲舉架上的槓鈴。槓鈴設置的高度概略與臥推相同，板凳則要從臥推的位置移開，橫放在蹲舉架外側適當的距離位置，讓訓練者在用仰臥姿勢握槓時，槓鈴概略位於心窩正上方，此時剛好可以將腳後跟踩在板凳上。板凳如果放得太遠，會使槓鈴無法位於心窩正上方；如果放得太近，會導致小腿碰到板凳，當這兩者都不會發生時，板凳的位置就是適當的。先前提過，槓鈴的高度與臥推的高度概略相同，這也是因爲使用板凳墊腳的關係，因爲在動作初期，我們希望製造的是一個水平的軀幹姿勢，如果今天用來墊高腳的是不同器材（例如跳箱、木箱等），槓鈴的高度也要跟著調整。事實上，槓鈴就是扮演著單槓的角色，如果訓練場地有高度適合的單槓，或是懸吊器材，當然也可以用來做反式划船。

動作流程（圖5-2-2）

動作初期，先做出軀幹水平姿勢，這有賴核心和下肢的用力，才能在仰臥時維持一個「站直」的姿勢，這對核心無力或是整體肌力不足的學員來說，很可能是困難的第一步。常見的錯誤是無力將髖關節打直，導致臀部降低或碰地，或是無法將脊椎維持在中立或挺胸的

（圖5-2-2）反式划船示意圖。

退階版本：

1. 在槓鈴下用力將自己拉高，讓胸口觸碰槓鈴。

2. 全程維持直立的軀幹姿勢，不能只在動作的低點將軀幹打直，而是上下過程都打直。

3. 下降過程是上升過程的相反，依循著相同路徑反方向將身體降下來，到達最低點之後，可以調整呼吸，依循著前述的要領繼續進行下一次動作。

位置。此外，肩膀也是錯誤動作的好發部位，常見的問題如駝背、聳肩等都須在動態訓練之前先行修正，訓練初期有些人必須先花一些時間練習這個靜態的反式划船姿勢，等到學員能夠進入正確的準備姿勢，接下來就可以開始進行實際的動作。

動作的流程很簡單，其實就是在槓鈴下方用力將自己拉高，讓胸口觸碰槓鈴，不過仍然有一些值得注意的細節。首先必須全程維持直立的軀幹姿勢，不能只在動作的低點將軀幹打直，而是上下過程都打直。其次，上升過程與屈體划船一樣，是夾背與手臂力量共同作用的過程，單純依賴手臂力量將自身拉起的話，容易產生一種現象，就是在動作的最高點胸口停在槓鈴下大約三到五公分的距離，卻無法碰到槓鈴。這是因爲最後這幾公分的距離有賴夾背的動作來完成，不夾背就會停在槓下無法再上升。如果這只是因爲輕忽或是對動作不理解，提醒之後通常就能修正，但是常見的現象是，許多肌力不錯甚至相當強健的訓練者，可以連續拉數十下的反式划船，卻沒有一下可以碰到胸口，這時候就要特別注意，很可能對於這些人來說，手臂和背肌雖然有足夠的力量，但是收攏肩胛骨的肌力卻不足，這需要刻意的補強。跟許多其它動作一樣，發現動作幅度不足時，初期可以先減少反覆次數，致力於完成完整的動作幅度，如果這樣做的效果不彰，則可以使用彈力繩或是輕負荷的啞鈴來刻意訓練夾背力量，待夾背的力量進步之後再銜接回標準版本的反式划船。

因爲反式划船有這種凸顯收肩胛肌力的特性，也常被用來當作動作檢測的項目，檢測的標準就是在直立仰臥姿勢下，做一個可以碰胸的標準反式划船。如果使用懸吊器材（如吊環繩）做反式划船，沒有槓鈴可以碰胸，可以用「大拇指碰身體」爲動作終點，同樣可以達到將動作幅度標準化的目的。值得一提的是，許多學員爲了達標，會用暴衝的方式將自己往上拉，這往往伴隨著姿勢的扭曲和過度搖晃器材的風險，因此要提醒學員，以均勻的用力和正常速度訓練或檢測。

下降過程是上升過程的相反，依循著相同路徑反方向將身體降下來。要注意這是一個有控制力，而非放鬆自由落下的過程，下降的最低點可以讓肩胛骨往身體外側移動，但是仍然要維持不駝背的姿勢。到達最低點後，可以調整呼吸，依循著前述的要領繼續進行下一次動作，直到預計次數完成，或是無法維持標準姿勢。動作結束後，先將腳踏回地面，然後緩緩坐下，最後再將握槓鈴的手放開。

反式划船是一個利用自體重量作爲負荷的徒手訓練，訓練初期如果無法完成標準版本的動作，可以使用退階動作訓練。最常用的退階動作是屈膝版本的反式划船，操作方式與標準版本十分相似，主要差異是雙腳不踩在板凳上，而是以屈膝九十度的方式，直接踩在地板上，因爲力矩改變的關係，讓伸髖動作變得簡單，也大幅減低了雙臂需要拉起的重量。踩踏在地板上的雙腳提供了較佳的支撐力，使得動作本身的穩定性提高，這些都讓上肢水平拉的難度降低。另一方面，如果訓練初期就發現太過簡單，反式划船也可以藉由增加體外負重來提高訓練強度。最穩當的方式是穿著負重背心，不過一般的負重背心重量有限，對於肌力非常強的訓練者來說，很難達到足夠的強度。有些人會選擇在胸腹放置槓片或鐵鍊，不過這必須先累積一些經驗，放置在胸腹的重量如果無法穩固，會變成另一個影響動作的問題。

反式划船與屈體划船有個共同點，就是不容易做單次最大肌力測驗或訓練，原因是達到最大肌力之前，就會無法維持動作或姿勢，必須終止動作，因此通常會採取多次多組的方式，這並不表示每一組都要連續十幾下才可以，負重狀態的五組五下，通常就可以帶來充分的訓練刺激。

肩推

肩推是上肢垂直推的代表動作，標準版本的站姿肩推完成動作，是直立高舉手的姿勢，重量頂在最高點，全身從頭到腳每一個環節的力量都受到考驗，因此肩推是一個非常重要且效益極高的動作。上肢訓練最常見的問題就是被誤解爲手臂訓練，但實際上上肢的訓練與下肢訓練相同，都依循著「中軸穩定，四肢發力」及「近端穩定，遠端發力」的規律，以穩固的基礎爲前提，讓遠端的手臂舉起槓鈴的重量。

槓鈴肩推，效益極高

槓鈴肩推是多種肩推中效益極高的一個版本，除了可以負起很大的重量外，上升過程因爲身體必須配合槓鈴行經路徑，也必須有技巧的在動態中穩定自身。這個直膝直腿的站姿穩定過程，其實帶來了非常重要的軀幹和下半身訓練效益，因此可以說是全身性的訓練。就像其他主要訓練動作一樣，大肌群多關節的大重量訓練都不是單靠身體局部來完成，無論是否直接參與「動作」，全身的肌群其實都直接參與了「力量」。

除此之外，肩推更明顯的效益是，肩推本身就是把重物高舉過頭的過程，而這其實是日常生活、競技運動和軍警消任務中極爲常見的動作型態，幾乎無需爭論功能性的問題。肩推等於是在上肢訓練的過程中，連結了下肢的力量，就像日常生活中施展手臂推力的時候，雙腳是否站穩決定了雙手是否有力。虛浮的腳步會「吃掉」手臂的力量，穩固的腳步才能徹底發揮手臂的力量。

談到這裡，或許有些人會有個疑問，就是如果肩推已經具備了這麼多效益，爲什麼還需要臥推？臥推的姿勢是仰臥的，而且有個特定高度的板凳，這與現實生活中大多數的狀況並不相同，這是否表示臥推是一個「沒有功能性」的動作呢？面對這樣的問題，我們通常以下列方式來解讀。在肌力訓練的領域，任何兩個動作相比較的議題，其實都很容易讓人不自覺假設我們是在「只能選一個」的前提下討論問題，如果可以拋開這樣的角度，我們會發現其實動作與動作之間的意義未必互相排斥，可能還是互補的。而就上肢來說，肩推可以給上肢肌力帶來高度的功能性和壓力刺激，但仍然有幾個局限。

肩推的動作終點是雙手高舉過頭的直立姿勢，槓鈴的壓力經過了身體絕大多數的運動關節，支撐重量的雙臂以下，還經過了軀幹的肩關節、胸椎、腰椎、髖關節、膝關節和踝關節。這一連串的關節都在壓力的正下方，換言之，任何一個環節的不穩定性，都會立卽影響到重量的穩定性，這使得肩推的姿勢控制非常困難。雖然這個困難是好的，一旦克服就會進步，但這也讓肩推的重量被這些層層疊疊的關節穩定性給限制了。

臥推則因爲有板凳的輔助，雙臂有胸肌群的強力協助，負重的最低點是肩胛骨，肩胛骨下面沒多遠就是板凳，所以從負重的雙臂到板凳支撐面只有短短幾公分。雖然軀幹和下肢的穩定性也會影響重量，但是不像肩推一樣直接且明顯。用鬆散的仰臥姿勢執行臥推，雖然推不出自己的最高重量，但也不會是跌落谷底的重量；可是肩推時姿勢稍有閃失，就有可能無法順利發力，甚至是直接失敗，這樣的穩定性需求，導致這兩個動作的手臂力量有不同等級限制。所以，用最簡單的話來講，同一個人肩推能舉起的重量遠不如臥推，如果上肢訓練只練肩推的話，手臂可以規律接觸到的重量會小很多，對於肌肉、骨質和神經系統的刺激會大幅減少。

其次，肩關節有很大的動作幅度，所以上肢的推力不會只用於垂直方向，但是槓鈴的壓力永遠指向地面，爲了訓練水平方向，身體的角度自然需要有相對應的改變。臥推讓身體躺臥，上半身與地面呈水平，因此原本垂直的槓鈴壓力相對於身體變成水平的壓力，這讓手臂的推力訓練不再只限於垂直方向。當然，上肢的推可以有無限多種方向，不過經驗上我們無需每一個角度練一次，只要規律地訓練水平和垂直方向，大多數動作需要的肌群都已經可以練到。介於水平和垂直之間各方向的推力，則可以視需求階段性進行卽可。

基於以上理由，臥推和肩推可以說是相輔相成的兩個動作，無需爭論兩者何者爲優，因爲有效的不是單一動作，而是由有意義的多種動作組合而成的課表。釐淸這一點後，接下來討論肩推的動作技巧。

動作流程（圖5-3-1）

動作開始前，槓鈴應置於蹲舉架上，掛鉤高度大概與深蹲時的位置相同。握槓的要領與臥推相同，我們都希望槓鈴的正下方是中立的手腕，而手腕下方有手肘支撐，所以，肩推的握法同樣使用「斜握轉正，扭槓夾肘」的方式，讓槓鈴壓在掌底外側，手腕保持概略中立位置，沒有大幅度的屈腕或伸腕，只要槓鈴是壓在掌底外側，也就是手腕的正上方即可。這樣的用意是爲了避免手腕在槓鈴的壓力下過度伸展，提高受傷的風險，這一點在訓練初期很容易被忽略，因爲訓練初期通常重量不會太重，手腕的姿勢沒做好也未必會感到明顯不適，但隨著肌力進步，重量逐漸增加，對手腕的壓力也越來越大，一旦手腕受傷，就會成爲進步的限制因素。因此訓練初期，就要養成好的握槓習慣，才不會在進步的過程中出錯。

握槓寬度依照個人肢段比例不同而有所差異，但通常建議雙手互相平行且與槓鈴垂直。這與每個人壓胸夾背後的手臂位置有關，可以透過一些嘗試，找出最適合、最有力量感的握槓寬度。

（圖5-3-1）肩推動作示意圖。

1 動作開始前，槓鈴應置於蹲舉架上，掛鉤高度大概與深蹲時的位置相同。

2 握槓寬度，依照個人肢段比例不同而有所差異，但通常建議雙手互相平行且與槓鈴垂直。

3 手肘必須位在槓鈴和手腕的正下方，從側面看，手肘尖端會超過槓鈴的前方，使手肘的軸心位於槓鈴正下方。

4 動作準備位置的姿勢，是雙手握槓，槓鈴位於頸前位置的姿勢，從側面觀察，槓鈴位於下巴下方，手肘正上方，同時也位於腳掌心的正上方。此時身體呈中立脊椎的直體姿勢。

5 上推前，先推髖向前，讓頭部向後讓出空間，使槓鈴可以上升。

6 向上推時，上推的起點是下巴下方，上推過程身體逐漸回正，終點是用打直的手臂將槓鈴支撐在後腦的正上方。

手肘必須位在槓鈴和手腕的正下方。手肘尖端會向前略爲突出，從側面看，手肘尖端會超過槓鈴的前方，使手肘的軸心位於槓鈴正下方，這是一個可以承載重量的姿勢。許多學員在訓練初期因爲缺乏這個姿勢所需的關節活動度，無法將手肘向前推出至槓鈴的前方，這會讓手臂的姿勢類似反手槓鈴彎舉的高點動作。這樣的動作相對較爲不穩，姿勢不穩就無法承載重量，也會變成進步的限制因素。因爲肩推只能用低點可以承載的重量訓練，如果在低點就無法承載，當然也無法拿來訓練。不當的低點姿勢，會大幅降低可以拿來訓練的重量，進而拖累原本該有的進步。

當雙手用正確的姿勢握住架在蹲舉架上的槓鈴，訓練者就可以藉由將身體往前貼近的方式，將手肘推到正確的位置。在最後的起槓預備姿勢中，槓鈴會位於下巴下方，具體位置有個別差異。上臂較短或前臂較長的學員，槓鈴可能很接近下巴，上臂和前臂長度較爲接近的學員，槓鈴可能很接近鎖骨，這並沒有對或錯，只要在下巴下方且貼近身體卽可。此時爲了配合槓鈴在蹲舉架上的高度，通常會是微蹲的姿勢（如果不是的話，很可能槓鈴的位置太高了），我們要利用這個微蹲的姿勢來起槓。起槓前，先做好呼吸法，依循著「吸氣閉氣，壓胸夾背，扭地夾臀」的要領，將核心鞏固後，用腿力將身體和槓鈴撐起，接著移動腳步向後，退出至掛鉤不會影響槓鈴路徑的位置，進入眞正的動作準備位置。

動作準備位置的姿勢，是雙手握槓，槓鈴位於頸前位置的姿勢，從側面觀察，槓鈴位於下巴下方，手肘正上方，同時也位於腳掌心的正上方。此時身體呈中立脊椎的直體姿勢，這個時候有機會再次調整呼吸，接著就可以開始上推。

上推的起點是下巴下方，終點是用打直的手臂將槓鈴支撐在後腦的正上方。這樣的路徑看似簡單，實際上會發現，使用槓鈴當作肩推的訓練器材時，訓練者的頭會完全擋住槓鈴上升的路徑，又因爲兩點間最有效率的移動方式是直線，也不宜讓槓鈴走曲線繞行頭部，使得一個看似簡單的技術變得複雜了起來。

頭部讓出空間的策略

槓鈴的起點位置在下巴下方，終點位置在後腦正上方，人的頭正好擋在槓鈴上升路徑的中間，而槓鈴上升最有效率的路徑是直線，循著曲線讓槓鈴繞行頭部是低效率的做法，而且重量很重的時候是很危險的，因此，爲了讓槓鈴可以直線上升，必須有讓頭部暫時讓出空間的策略。可幸的是，這樣的策略其實已經有了，不過，讓頭部閃過槓鈴的策略不只一種，每一種都有其支持者，每一種方法也都有成功的例子。所以，爭論哪種才是唯一正確做法似乎沒有太大的意義，不過，基於我們整體訓練系統的一些大原則，我們還是有比較推薦的作法。在此之前，我們先來看看常見的策略有哪些。

第一種作法，也是最簡單的一種，就是直接抬頭讓下巴閃過槓鈴。這會是一個抬頭看天花板的動作，抬起頭的同時也抬高了下巴，讓槓鈴可以從下巴前方非常近的距離通過，待槓鈴通過後再迅速回到平視前方的頭部姿勢。這個方式潛在的問題是，抬頭看天的動作有可能暫時影響平衡，同時也可能會有學員表示頸部感到不適，因此我們並不十分推薦這種方法。

第二種方法是用挺胸的方式讓頭部暫時後退，更具體來說，是讓胸椎做出伸展方向（extension）的動作。這樣的作法可以讓出不少讓槓鈴通過的空間，是一種有效的方法，但其潛在問題在於，雖然胸椎的確具備了比腰椎還要大一些的活動度，比起腰椎，胸椎改變角度的風險通常較小，不過，在我們的訓練系統中，我們強調以「壓胸夾背」的姿勢鞏固核心，若是動作過程中刻意挺胸，甚至過挺胸（hyper-extension），可能會改變鞏固核心的力學結構，讓核心穩定性不像一開始的準備姿勢那樣穩固。此外，胸椎與腰椎相連，當胸椎朝向過挺的方向移動時，常會牽動腰椎，而腰椎在壓力下過度伸展所造成的風險比胸椎更大，很可能導致受傷，因此我們也不推薦這種方式。

第三種方式，是直接同時挺胸又挺腰，讓整條脊椎骨朝向拱腰的方向移動，此時爲了維持重心，通常也會開始將腹部往前推。慣用這種技巧的訓練者，甚至可以大幅改變上半身的角度，讓胸口幾乎朝向天花板，使肩推變成站姿的臥推。這樣的方式可以大幅提升推動的重量，前提是腰要能夠負荷得了。這種技術潛在的風險，其實就是前面提過的「壓力下過度伸展腰椎」，雖然採用這種技巧的訓練者主張，這樣的能力是可以鍛鍊的，但是對我們來說，「中軸穩定，四肢發力」的大原則不僅是爲了發力，也是爲了安全，將腰椎置於過度伸展的狀態下施加壓力，是一個能免則免的風險。除此之外，即使這種方式可以舉起較大的重量，但並不全然是肩推進步造成的，部分原因來自於這個垂直推的動作逐漸變成水平推，徵召了更多胸肌群幫助推力。值得一提的是，這並不表示我們認爲這種肩推是錯誤的，這可以說是一種獨特的動作或技巧，只不過在我們的訓練系統，風險控管上通常採取盡量保守的態度，而且既然肩推在我們的課表中是上肢垂直推的代表動作，就應盡量保持在垂直方向用力。

看到這裡，許多人可能會感到有點困惑，槓鈴上升的路徑被下巴擋住，而下巴讓路的方式，我們不推薦抬頭、不推薦挺胸，也不推薦挺腰，那還有什麼方法可以讓槓鈴順利通過？答案是下一個可動的關節：髖關節。這或許出乎一些人的意料，許多人會覺得，既然肩推是站直的姿勢，肩膀以下應該都保持不動才對。使用啞鈴或壺鈴時或許真是如此，不過在使用槓鈴時，前面已經解釋過，槓鈴的起點是下巴下方，終點是後腦正上方，頭部變成擋在槓鈴上升路徑的障礙物，而無論是抬頭、用力挺胸還是用力拱腰，各自都有一些缺點。這些缺點對於抱持不同訓練目標或訓練觀念的人來說，或許不成問題，但是就我們的訓練系統，會盡量以「中軸穩定，四肢發力」的大原則來保護訓練者的安全，所以會刻意避免任何影響中立脊椎姿勢的動作。如此推論下來，推動髖關節向前，讓軀幹暫時微微向後傾斜，是一個有效讓頭部讓出路徑的方法。

我們來描述一下這種方式具體的作法。動作初期，槓鈴位於下巴下方非常靠近身體的位置，此時先做一次呼吸法，用「吸氣閉氣，壓胸夾背，扭地夾臀」的方式鞏固核心，並繃緊下肢，過程要領與深蹲硬舉相同。鞏固好核心後，利用扭地夾臀的力道持續保持直膝，但是將髖關節往前推，幅度不用太多，五到十公分就非常足夠，足以讓下巴能夠退到槓鈴後方。

此時注意的重點是，髖關節往前推時，肩膀是往後推的，所以上半身像是往後傾斜，此時槓鈴基於兩個原因不會跟著往後移動。第一是重心，如同深蹲和硬舉，槓鈴最穩固的位置始終都是腳掌心正上方（且手肘位於槓鈴正下方），如果槓鈴跟著後傾的軀幹一起移動，等於是離開腳掌心往腳跟移動，這會造成重心不穩，尤其是重量很重的時候。其次，上半身向後傾斜的目的是爲了讓下巴讓路，使槓鈴有直線向上的空間，如果軀幹向後傾斜時，槓鈴也跟著走，那槓鈴還是在下巴下方，等於白忙了一場。要知道，外觀上，軀幹後傾姿勢，其實是髖關節往前推，肩關節往後推的綜合效果，所以，身體的重心並未往前或往後跑，槓鈴也不會往前或往後移動。

在這個過程中，雖然槓鈴並未產生任何水平方向的移動，卻也不是固定在原地。髖關節前推和肩關節後推時，身體其實「矮」了一截，雖然只有微微的幾公分，卻對整個動作產生了重要的影響。這個在上推之前，由於軀幹後傾所導致的槓鈴下降過程，讓肩推自然而然地具備了「動態啟動」的特性，換言之，這個槓鈴下沈的意義，很像是人要做垂直跳之前，會先主動下蹲一般。這是一個「反向動作」（counter movement），反向動作可以透過肌肉牽張反射和釋放彈性位能的機制，讓後續的動作變得更有力量。

動作細節分析

讓我們更進一步分析如何善用這個反向動作。前面提到當髖關節向前推，肩關節向後推時，整個人其實矮了幾公分。而槓鈴是用雙手緊握的，槓鈴的下方是手肘，手肘連接的是肩膀，這些可動關節的協調運用，讓槓鈴在啟動的過程中，沿著腳掌心正上方的延伸線下降。下降程度取決於軀幹後傾的程度，有些人喜歡微微後傾，讓下巴讓出空間即可；有些人喜歡較大幅度的後傾，產生較為明顯的「髖向前，肩向後」動作。軀幹後傾的程度有個別差異，但是不變的大原則，是必須全程都維持脊椎中立姿勢。此時槓鈴會跟著「髖向前，肩向後」的動作垂直往下降，降到下巴已經讓出充足的空間，且髖關節也已經前推到有緊繃感的時候，身體就像彈簧片一樣自動回彈。這個自動回彈的力道，就是上推的啟動力量。訓練者要把握這一瞬間，在反彈的瞬間同時上推，槓鈴向上通過下巴讓出的路徑，一路經過鼻尖和前額，然後在軀幹回正之前迅速讓槓鈴高過頭部，一旦槓鈴稍微高過頭部，軀幹就可以迅速回正，雙臂也可以將槓鈴一路往上推到底。

最高點是一個直臂聳肩的姿勢，過程中，肩胛骨會貼背旋轉向上，這會讓肩胛骨離開最初的夾背位置，這是為了配合手臂高舉過頭所需。肩胛骨需要對手臂提供支撐力，而且這樣的過程並不會改變核心穩定性，因此是可以接受的。槓鈴會剛好位於後腦和腳掌心的正上方，頭部像是探出窗外般，將額頭往前頂，所謂的「窗外」，指的是雙臂和槓鈴連成的框架，而額頭向前頂的姿勢，十分類似從窗戶探出頭的姿勢。要注意的是，頭部只是微微往前頂，不是伸長脖子低頭看樓下，目光還是平視前方的。

到達最高點，就是動作的終點了，學員務必要練習到可以穩穩地以這個姿勢支撐，才能夠加重量進行下一步訓練。如果動作的最高點只是在混亂中短暫經過，無法以足夠的穩定性支撐，顯示支撐的能力仍然不夠，應該在相同重量訓練一段時間，直到技術純熟後再加重量。

下降過程是上升過程的逆轉動作，所以身體要先微微後傾，讓下巴再次讓出空間，以利槓鈴回到低點的支撐姿勢。就如同任何離心肌力訓練，下降的過程不可以是放棄控制的自由落體過程，肌肉應該持續保持張力，用有控制的方式讓槓鈴回到低點。連續動作時，下降的過程其實也就是下次上升過程的準備，所以，槓鈴從下巴前方下降到最低點的支撐位置時，身體也再次進入「髖向前，肩向後」的反彈姿勢，而這次也同樣在反彈的那一刻出手，將槓鈴再次上推至最高點。

如同深蹲，低點反彈的動作並非不可變化。深蹲訓練時，為了訓練純粹的腿推力，可以刻意在低點停留，避開使用反彈力，讓腿肌力承擔更多的負荷。肩推也是如此，雖然低點反彈是肩推過程中自然發生的機制，但是如果想要刻意訓練純粹肌力，可以如深蹲一般，刻意在低點停頓，消除反彈的助力，就可以著重在純粹上推的力量。

常見錯誤

肩推常見的錯誤有幾個，首先是低點的支撐姿勢。許多人在訓練初期並不具備足夠的關節活動度，因此常常會落入顧此失彼的窘境。要強將槓鈴壓低到下巴以下的高度，手肘就會往回收，無法維持在槓鈴正下方；如果硬要將手肘推到槓鈴正下方，槓鈴就會抬高過下巴，跑到臉部前方。發生這種情形時，雖然一些放鬆肩關節的技術會有幫助，不過根據經驗，讓槓鈴從高過下巴的位置訓練一陣子（例如嘴唇或鼻子前方），肩關節通常會逐漸適應，槓鈴的低點位置會隨著訓練逐漸下降，幾次訓練後就會到達下巴以下。當然，偶爾會遇到一些關節活動度特別小的學員，此時就會需要一些針對肩膀和手臂的放鬆動作。

肩推另一種常見錯誤，是在反彈上推的過程中產生多餘的屈膝動作。「髖向前，肩向後」的同時膝關節要鎖緊，否則就會變成用腿推來借力，而要鎖緊膝關節最簡單的做法，就是做好扭地夾臀的動作，當膝關節因扭轉的力量而提高穩定性時，就不容易產生屈膝動作。用腿借力的上推是完全不同的動作，肩推的借力是來自於髖關節前推之後的反彈力，與屈膝產生的蹲推力量不同，教學時要特別注意，不要產生混淆。

引體向上

引體向上與反式划船一樣，主要都是以自身體重爲主要負荷，雖然一樣有體外負重的潛力，但是動作型態和負重型態都與槓鈴訓練大不相同。引體向上依照雙手握槓的方式，可以區分爲正握、反握、雙槓對握和單槓對握，雖然不同握法會使參與肌群略微不同，但是在整個訓練系統裡，都同樣算是垂直的拉力訓練動作，可以輪換使用。引體向上與划船系列動作相同的地方在於，兩者都不是只有手臂參與動作，背肌和收肩胛肌群都大幅度地參與了這個動作。以下探討引體向上的基本訓練流程。

動作流程（圖5-4-1）

首先，需要有適當高度的單槓，這是引體向上必不可少的場地需求。一般蹲舉架通常會附上可以做引體向上的橫槓，如果沒有，將槓鈴架高「並且固定」是一個可行的選項。如前面所述，手握槓的方式有幾種不同的變化，可以輪換使用，以下先以雙正握當作例子來說明。上槓前，人位於單槓的正下方，有些人喜歡稍微偏後一點。接著用輕跳的方式跳離地面並且抓住單槓，先自然下垂讓手臂有機會打直。上拉前，先將肩胛骨往後往下收攏，讓肩膀下沉，過程中常用的指導語是「把脖子伸長」。把脖子伸長的過程中，將肩胛骨往互相靠攏的方向收緊。接著，藉由闊背肌的力量開始讓自身體重上升，同時配合肩關節和肘關節的動作，把自身拉上去，上升的最高點是下巴過槓的那一刻。下降過程是一個控制下的離心過程，不要變成自由落體，以雙臂打直時爲最低點。

（圖5-4-1）引體向上動作流程。

1. 上槓前，人位於單槓的正下方，接著用輕跳的方式跳離地面並且抓住單槓，先自然下垂讓手臂有機會打直。

2. 上拉前，先將肩胛骨往後往下收攏，讓肩膀下沉，接著，藉由闊背肌的力量開始讓自身體重上升。

3. 上升的最高點是下巴過槓的那一刻，最低點則是雙臂打直時。

教學注意事項

引體向上的動作雖然單純，但教學上仍然有些注意事項。首先，根據經驗，對於非運動員的一般大衆來說，有許多人訓練初期無法完成一下引體向上，但對於長期訓練的運動員來說，尤其是體重較爲輕盈的運動員，引體向上可能會高達數十下，這表示我們在教學上，有大多數的時間會使用進階或退階。進階的方式比較簡單，只要有負重背心、鐵鍊、負重腰帶等器材，就可以增加訓練者需要拉上去的重量，讓訓練的阻力可以橫跨符合訓練目標的強度區。對於無法拉完單次引體向上的初學者來說，可能會有一段時間必須以退階的方式訓練，常見的退階方式包括使用彈力帶輔助、只練離心，或是單腳或雙腳支撐在地面當作輔助。

引體向上常見退階方式

彈力帶輔助的方式，是先將彈力帶綁在單槓上，學員利用板凳或跳箱墊高起始位置，然後雙手握槓，並且用一隻腳站在板凳或跳箱上，另一腳屈膝，在教練的協助下將彈力帶套過膝蓋。彈力帶套過膝蓋後要盡量靠近腳踝，學員套好彈力帶後，要將套在彈力帶裡的膝蓋指向地面，如此一來，彈力帶等於是在低點位置幫忙減輕了學員體重，這會讓上升的過程變簡單。有些人喜歡用一隻腳或兩隻腳踩在彈力帶上，一般不推薦這樣的做法，因爲腳底踩的彈力帶很容易彈開，如果彈力帶從腳底彈開，很可能會直直打向胯下，如果不希望這種悲劇發生，最好還是採用單腳屈膝的方式，彈力帶彈開的機率會比較低。（圖5-4-2）

（圖5-4-2）彈力帶輔助引體向上示意圖。

彈力帶輔助雖然容易操作，但是有一個潛在的注意事項，就是彈力帶在不同高度所給予的輔助力量也不同。在低點彈力帶被拉長的最多，所以輔助力量也最大，但是到了高點，輔助力量會逐漸消失。這其實不能算是缺點，只不過是把固定強度的訓練（體重）變成變動強度，兩者之間的訓練效果略有差異。使用彈力帶的另一個注意事項，是要選擇適當的強度。選擇彈力帶時，最好先設定一個力竭的目標次數，例如想要做一組10下力竭的引體向上，選擇的彈力帶如果讓訓練者在10下完成的時候還很有力，表示彈力帶的輔助力量太高。彈力帶的彈力如果太強，學員其實只是像憤怒鳥一樣被反覆彈射，自己出的力氣並不多，訓練效果會打折扣。

離心訓練是另一個引體向上的退階訓練方式，訓練初期，先利用板凳或是跳箱讓學員墊高，使其雙手可以順利抓握槓鈴，接著墊腳讓身體移動到引體向上的最高點位置，然後離開跳箱，雙手用力讓自己慢速下降。最好有預先設定好的下降時間（例如：5或10秒鐘），在預定的時間讓自己慢慢下降到最低點後，可以再次踏上跳箱或板凳，讓自己回到最高點，然後重複下一次動作。離心訓練之所以可行，是因爲肌肉在離心過程可以發揮的力量比向心大，所以如果向心過程無法完成，可以先單獨訓練離心過程，藉著離心過程帶來的進步，逐漸將力量提升到足以完成完整動作。離心的過程最好有可以參考的計時工具，視線所及的時鐘、碼表或是無需注視的節拍器，都可以幫助訓練者精確記錄訓練量。

單腳或雙腳支撐的引體向上，是更簡單的退階版本，基本上人不需要離地。練習腳支撐的引體向上之前，先將單槓降低到學員站姿的下巴下方，也就是說，學員的站姿就是動作的最高點。如果沒有適當高度的單槓，也可以將槓鈴掛在蹲舉架裡適當的高度，固定後充當單槓。無論是單腳支撐還是雙腳支撐，雙手握槓後，腳先踩在槓鈴下方，有些人會喜歡稍微往前踩一點，這部分可以依需要調整。下降時，是一個沿著深蹲或是單腳蹲的下降過程，常見的錯誤是因爲腳踩地所以身體一路向後仰，最後變成一個奇怪的反式划船，要想像自己身體直直地往下降，最後進入一個軀幹類似前蹲舉的直體蹲姿。（圖5-4-3）

腳支撐的引體向上有個特別需要注意的地方，就是著地的腳必須以「健康」的方式下蹲。許多人專注在引體向上，忽略了膝關節的安全性，下蹲過程中產生多餘的位移或旋轉，都會提高與引體向上本身無關的下肢風險。

一旦可以完成一次標準的引體向上後，就可以開始提高訓練的難度。引體向上跟其他槓鈴動作一樣，有持續增加反覆次數的肌耐力訓練，也有持續增加體外負重的最大肌力訓練，後者通常比較容易被忽略。拉系列的動作（反式划船、屈體划船、引體向上等）雖然不適合用來測驗單次反覆的最大肌力，但不表示不能用來提升最大肌力，只能一直增加次數鍛練肌耐力。高強度低反覆（通常是六下以內）的訓練，同樣可以提高拉系列動作的最大肌力。

（圖5-4-3）腳支撐的引體向上示意圖。

雙腳支撐引體向上（低點）

雙腳支撐引體向上（高點）

單腳支撐引體向上（低點）

單腳支撐引體向上（高點）

上肢單邊動作

上肢訓練最重要的特性之一，是要盡量讓上肢的動作與軀幹和下半身做有功能性的連結，換言之，強壯的手臂也要有穩固的核心和有力的雙腿來支撐，才能在眞實世界發揮作用。所謂的連結，有賴軀幹和下肢的肌群對上肢的動態有著敏銳的反應，從而適時提供支持。雖然「對稱」的大肌群多關節大重量動作已經足以對肌肉、骨質和神經系統施予刺激，但就如同下肢的對稱訓練動作，當身體對抗的阻力處於左右對稱的狀態時，一些維持姿勢平衡、抵抗姿勢失衡的肌群卻得不到最佳的刺激。因此爲了獲得更進一步的效果，讓軀幹和下肢肌群可以更敏銳地爲上肢提供支撐力，上肢的肌力訓練也可以藉由使用單邊負重的方式來進行。以下將討論臥推、屈體划船和肩推的單邊操作方式，至於引體向上，因爲本身不屬於雙腳支撐的動作，所以暫不列入以下的討論範圍，有興趣的讀者可以參考關於懸吊移動的訓練方法。

値得提醒的是，跟許多「動作比較」的討論一樣，比較的目的是增進理解，而不是做出取捨。單邊訓練動作本身雖然極具效益，但不是雙邊訓練動作的替代品，應該以各有所長、因時制宜的角度來看待這件事。另外一個提醒事項，就是單邊訓練動作因爲穩定性的挑戰較高，所以使用的重量容易受限，比較難做3次反覆以下的高強度，但這並不表示單邊訓練只能使用小重量，多組的5次或5次以上反覆是常見的單邊訓練反覆次數，如果不能在穩固的動作上儘量加重，可能會失去刺激效果。

單手臥推

單手臥推的操作方式，常見的版本有兩種，有較簡單的版本，也有稍微進階的版本。最簡單的單手臥推版本，就是將臥推的槓鈴改成啞鈴或壺鈴，而且一次只練一邊。從外觀來看，這就是只用一隻手舉重量的臥推，不過實際訓練就會發現，軀幹肌群和下肢會感到顯著的差異，與負重手相對的對側腹部，以及同側的腰部會開始感到用力，這是因爲偏了一邊的負重，讓身體產生轉動的力矩。由於雙手負擔的重量會互相平衡，兩側對稱的臥推不會發生這種現象，但是當重量只有一邊的時候，就需要由軀幹和下肢來抗旋轉。這樣的力量激發了身體抵抗動作的肌肉做出比平時更用力的收縮，所以雖然整體負重降低，但是難度未必降低。

如果要進一步提高動作的難度，可以將身體往負重的一側移動，讓脊椎骨對齊板凳邊緣，負重手的肩胛骨完全懸空。事實上，整個軀幹從肩膀到臀部，有半邊都不在板凳的支撐範圍內，這樣的姿勢減少了背部的支撐面積，增加了旋轉力矩，使得身體抗旋轉的需求提高。此外，下肢的負荷比重也產生更大的差異，同側腳的負擔增加了許多，對側腳幾乎沒有負擔。事實上，如果讓對側腳直接舉起離地，動作仍然可以進行下去。

在這種姿勢結構下，臥推會變得異常辛苦，依照「近端穩定，遠端發力」的原理，一個動作的基底面積越不穩，遠端的發力就越困難，所以，做單側懸空的單手臥推時，如果一心只想著用力推起重量，通常不容易成功。當重量相當重的時候，如果沒有穩住所有環節，很可能會完全推不動。（圖5-5-1）

（圖5-5-1）單手臥推常見的兩個版本。

一般版本：

難度較高版本：

臥推的槓鈴改成啞鈴或壺鈴，而且一次只練一邊。難度較高的做法，將身體往負重的一側移動，讓脊椎骨對齊板凳邊緣，負重手的肩胛骨完全懸空。整個軀幹從肩膀到臀部，有半邊都不在板凳的支撐範圍內。

這種用姿勢不穩定性來提高難度的作法，通常只能有限度的使用，不穩定性越高，對力量的干擾越大，所以無須刻意利用特殊器材或是非常刁鑽的姿勢，去製造非常不穩定的環境。當不穩定性失控程度太高時，整個動作能夠撐起的重量會非常有限，肌力訓練的刺激過少，就不適合當作肌力訓練動作了。

單手屈體划船（圖5-5-2）

單手屈體划船的種類很多，有許多不同的腳步和不同的輔助方式，在我們的訓練系統裡，單手屈體划船主要是在原本的屈體划船中，增加不對稱用力的元素，因此採取與屈體划船完全一樣的屈體姿勢（也就是直膝硬舉的低點姿勢），用單手提重量，另一手保持空手且不扶任何器材。這樣的用意，是要讓核心肌群接受抗旋轉的訓練。這個動作當然也有人使用其他腳步，例如高分腿或是單腳跪在板凳上的屈體站姿，或是採用一手扶著支撐物（如蹲舉

（圖5-5-2）單手屈體划船示意圖。

1 與屈體划船完全一樣的屈體姿勢（即直膝硬舉的低點姿勢）。

用單手提重量，若想同時訓練核心抗旋轉的穩定性，則另一手保持空手且不扶任何器材。

架或板凳），另一手做屈體划船的版本，這些都是可行的做法。不過，任何額外的支撐都會減低核心抗旋轉的需求，所以如果訓練的目的是爲了提高核心穩定性，以及訓練軀幹和腳步，與上肢單邊拉力的連結，則仍然比較推薦使用直膝硬舉的低點姿勢。

單手肩推

單手肩推常用的姿勢有幾種：站姿、高分腿、單跪姿等，這些都是日常生活或是運動中常出現的自然動作。這些腳步當然也可以用於槓鈴的雙手肩推，不過當訓練目標從肌力轉爲姿勢控制力時，就會刻意使用單邊訓練和多種腳步。

正常站姿的單肩推，如果使用的重量夠重，會明顯感到核心抗側彎的需求，且由於是站姿，核心的穩定性奠基於雙腳的穩定性，因此，雙腳扭地夾臀的動作變得格外重要；高分腿單肩推則是以分腿蹲的最高點腳步當作單肩推的基底，雖然腳步與手沒有硬性的排列組合，但是爲了盡可能依循人體自然動作，通常跨出去的腳與舉起的手互爲對側，左腳在前就舉右手，右腳在前就舉左手。由於高分腿姿勢的基底面積比站姿大，訓練者通常會感覺比較穩固，不過高分腿姿勢的後腳處於踮腳尖狀態，所以多了一個需要額外控制的踝關節。(圖5-5-3)

(圖5-5-3) 正常站姿單肩推。

單跪姿單肩推很常用來作爲輔助訓練的動作，原因在於藉由調整單跪姿的腳步大小，可以提高或降低姿勢的穩定性，讓單跪姿單肩推成爲介於肌力和穩定性訓練之間的選項。標準單跪姿其實就是分腿蹲的最低點，雙腳都屈膝成九十度，而且讓後腳膝蓋觸地，成爲前腳和後腳之外的第三個支撐點。單跪姿的腳步長度和寬度都可以調整，最寬的腳步概略與肩同寬，最長的腳步通常設定在雙腳膝關節呈九十度，且後腳膝蓋正好位於身體正下方時的腳步長度。最小的腳步是雙腳前後和左右都盡量靠攏，前腳、後腳和後腳膝蓋最終會達到一個直線腳步，後腳的膝蓋會剛好頂著前腳的腳後跟。這樣窄小的腳步會變得不容易穩定，腳步穩定性會影響軀幹穩定性，而軀幹穩定性會影響肩推的活動度和力量，因此，要讓肩推可以順利完成，訓練者必須先穩住腳步和軀幹。與臥推相同的是，姿勢的不穩定性不是越大越好，有效範圍是有限的，所以直線型的短距離單跪姿大概是這種動作的極限，無需額外使用其他製造不穩定性的器材。（圖5-5-4）

（圖5-5-4）單跪姿單肩推。

標準單跪姿其實就是分腿蹲的最低點，雙腳都屈膝成九十度，而且讓後腳膝蓋觸地，成為前腳和後腳之外的第三個支撐點。

PART 4

爆發力訓練

截至目前爲止，我們討論的都是肌力訓練動作，但是，競技運動的動作表現，除了健力比賽之外，純粹的肌力不容易直接展現。舉例來說，我們在運動場上看到精彩的跑、跳、投擲、踢打等動作，絕大多數依賴的是「爆發力」或「發力率」，直接運用最大肌力的機率較低。雖然本章節的主題叫做爆發力，實際上涵蓋的概念是爆發力和發力率，我們先來分別探討這兩個概念。

爆發力（Power），其實就是物理學的功率，P=W/T，亦卽「功率等於所作的功（Work）除以所需的時間（Time）」，而功，又等於力量乘以位移（Work = Force x Distance），也就是說，在運動場上比拚能力的時候，除了有力量可以造成位移之外，誰先完成這些功，誰的表現就比較優異。由於P=W/T，而W=FxD，所以P=FxD/T，其中的D/T是距離除以時間，等於速度，所以最後歸結一條重要的公式，就是P=FxV，卽「爆發力等於力量乘以速度」。因此我們知道，運動場上「好用」的不是純粹的最大肌力，而是有速度的肌力，也就是爆發力。

至於發力率，指的是單位時間裡的力量變化（ΔF/ΔT），這是一個「關鍵時間區間」的概念，也就是說，競技運動有許多動作單次用力時間極短，關鍵時間區間通常在0.05~0.25秒，例如衝刺時腳接觸地面的時間可能短至0.1秒，超過這個時間腳已經離地，已經離地的腳就沒有持續對地施力的機會，換言之，高速衝刺的過程，只有0.1秒左右的時間可以用力，但肌肉從開始用力到達到最大肌力可能需要0.3~0.5秒以上，甚至更久，因此高速度的動作中，肌肉要達到最大用力的機率不高。面對如此短暫的關鍵時間區間，一個人「不限時」的最大肌力有多大已經不是最重要的關鍵，在極短時間以內可以把力量提高到多高才重要。

從爆發力和發力率的觀點來看，要在運動場上求勝，不能單憑力量大，更重要的是能更早用力或是更快用力，這樣才能讓技術展現得游刃有餘。

討論到這裡，讀者或許會感到奇怪，如果最大肌力那麼不好用，爲什麼前面要花那麼大的篇幅去解釋最大肌力的訓練方式？又或者說，如果是爲了眞實世界的運動表現，爲什麼不把所有時間直接用來訓練爆發力就好？這個問題牽涉到的生理機制相當複雜，以下會繼續說明。

爆發力

這裡我們先從爆發力談起，根據物理學公式，P=F x V，亦卽「爆發力等於力量乘以速度」，因此可知，提高爆發力至少有兩個途徑，一是提高肌肉收縮的速度（V），一是提高肌肉收縮的力量（F）。從這樣的角度看來，似乎從力量訓練或是速度訓練著手，都可以達到提升爆發力（P）的效果。

其次我們要知道，肌肉收縮的速度有其先天的上限，受基因的影響甚巨，而且後天可改變的程度比肌力小得多。初學一個動作時因爲技術不熟，速度或許並不快，但是當動作效率、熟練度和加速的意圖都已經齊備時，速度大概已經達到一個瓶頸，提升速度開始變得困難，接下來必須要從肌肉生理學的層次下手。高速度動作有賴快縮肌纖維的貢獻，而一個人的快縮肌和慢縮肌纖維比例是由先天決定，大多數人都是大約各一半。快縮肌纖維比例特別高的人適合爆發力型的項目（如短跑、跳高、跳遠和舉重等）；慢縮肌纖維比例高的人適合耐力項目（馬拉松、長泳等）。這也顯示出高水準的競技運動，選材其實是很重要的手段。

不過嚴格說起來，選才不是一個「訓練」的手段，選材的成功與否，在於是否有強制力讓大量兒童參與選才，且可以在不考慮意願的情況下長期開發獲選人的身體能力，這種手段的是非功過已經超出本書探討的範圍。如果我們今天探討的議題不是如何大量選才，而是討論針對每一個人「現有」的天份，該如何提高爆發力的話，以下的討論才開始有意義。

專題討論：選擇性肌肥大

理論上來說，訓練的過程都會經歷肌肥大的現象。有一種說法是，如果我們可以讓肌肥大現象集中在快縮肌纖維，造成所謂的「選擇性肌肥大」，似乎對肌肉發揮速度有幫助，這樣的說法認爲，如果肌肥大現象同時發生在快縮肌纖維和慢縮肌纖維，則動作過程中有可能會因爲慢縮肌纖維「拖累」了快縮肌纖維的速度，導致整體速度下降。由於有這樣的疑慮存在，若是以提升爆發力爲最終目標，則應避免高反覆的力竭式訓練，因爲這種方式比較可能讓慢縮肌和快縮肌都產生肌肥大，對於追求線條和粗壯或許是好事，但對於速度表現來說，其影響可能是負面的。不過，實際上該如何製造選擇性肌肥大其實並不確定，根據經驗，高強度低疲勞的訓練似乎是可行方式，不過簡單來說，如果訓練的最終目標是速度或爆發力，肌肥大訓練的過程中要持續監控，以避免發生反效果。

專題討論：減量訓練

除了肌肥大，另一種改變肌纖維比例的方式，是透過計畫性的減量訓練。前面提到人體的肌肉由快縮肌纖維和慢縮肌纖維組成，這兩種肌纖維的比例固定，而且許多研究指出I型和II型之間無法互相轉換，但是各型肌纖維的「亞型」卻可以互相轉換。所謂的亞型，指的是在快縮肌纖維和慢縮肌纖維裡，各自還有幾種分類，其中與我們討論的主題最相關的，是快縮肌纖維裡的亞型。習慣上將慢縮肌纖維稱爲I型肌纖維，快縮肌纖維稱爲II型肌纖維，因此快縮肌纖維的亞型，依照收縮特性還可以再區分爲最有耐力的IIa，以及最有爆發力的IIx型（目前的討論主要關注這幾種，實際上的分類不止這些），而這些肌纖維會因爲訓練而互相轉換。要提高收縮速度，我們當然希望IIx型越多越好，所以直觀上我們會覺得，既然IIx型的爆發力最好，爆發力訓練應該會讓IIx變多，IIa變少，但是實際上發現，大量的爆發力訓練會讓IIa變多，IIx變少，這是由於「大量」訓練下，即使訓練內容都是針對爆發力，也會讓身體覺得爲了應付這個大訓練量，只好提升耐力。但是，研究發現，大量訓練後接著進入減量期（tapering），可以讓IIx肌纖維開始變多，甚至可能會多過訓練前的水準，因此賽前減量也變成一個可以提高速度表現的手段。不過要注意的是，賽前減量製造出來的優異表現是暫時性的，所以減量最重要的是減在對的時機，通常是在重要比賽前減量，如果減錯時間，可能會導致最佳表現與比賽時間不同。最佳狀態無論在賽前或賽後出現，都無助於比賽，因此減量必須經過長期測試才能使用。

從以上的論述我們可以看出，肌肉收縮速度因後天努力而改變的空間並不大，所以提升爆發力，還需要其他的方法。從力量（F）下手是很重要的途徑。不同於進步幅度相當有限的速度，力量的進步幅度非常大，以大肌群多關節的動作來說，年輕訓練者在訓練初期肌力倍增的情形並不少見，而且在初學者蜜月期的高速進步後，還有長達數年的緩慢進步空間。

不過值得注意的是，雖然爆發力等於力量乘以速度，但是我們不能一廂情願地認爲，力量變大爆發力就會變大，這其中的關係，有著階段性的不同。也就是說，在初學者的肌力水準階段，和進階者的肌力水準階段，使用的策略是不同的。初學者階段，肌力進步的初期即使不訓練爆發力，爆發力也會跟著進步，這是所謂的「儲備力量」效應，簡單來講就是水漲船高。最大肌力爲50公斤時，對抗40公斤的阻力，等於是在對抗最大肌力的80%，很不容易加速，但是當最大肌力透過訓練從50變爲100公斤時，同樣面對40公斤的阻力，等於面對最大肌力的40%，加速變得非常容易。這樣效益通常會一直持續到肌力變得比較強的時候，肌力與爆發力的同步進步現象才會逐漸脫鉤，而怎樣算是比較強，一般來說，兩倍體重背蹲舉大概是一個常見的分水嶺。

兩倍體重以下的背蹲舉，肌力進步的同時通常爆發力也會跟著進步，背蹲舉重量超過兩倍體重後，會越來越難直接反映在爆發力表現上。這裡需要強調的是，這並不表示兩倍體重背蹲舉以下的運動員不可以練爆發力，也不是說兩倍體重以上的背蹲舉不值得訓練，而是在這兩個階段，肌力訓練和爆發力訓練的比例應該要有所調整。另外，關於肌力的標準，也有以兩倍體重硬舉爲分水嶺的說法，這些都是值得參考的方便數據，可以讓實務工作者做最初步的判斷，但是不要過度斤斤計較。如果你一直追問1.9和2.1倍之間的差距，可能就搞錯重點了。

對於肌力水準較高的運動者來說，爆發力訓練的重要性開始提高。前面提到過，肌肉的力量和收縮速度有概略的反比關係，最大的爆發力並不發生在力量最大的時候，也不發生在速度最快的時候，因爲力量極大的時候速度非常慢，速度極快時候力量非常小，爆發力等於力量乘以速度，其中一個數值極小的時候，乘積也會極小。這一點在訓練上是很重要的依據，表示訓練爆發力時，最佳的策略是除去速度和力量極小的部分，在高速度的狀況下提升力量，高力量的情況下提升速度。以肌力訓練的動作（臥推、深蹲、硬舉、肩推等）來說，重量的強度區大概落在30~80%，這是可以盡量加速訓練的區間，低於30%雖然動作可以更快，但是因爲對抗的阻力實在太小，效果開始受限；高於80%的重量，速度變得很慢，效果逐漸變成提升純粹肌力。在30~80%的強度區間裡，盡可能加快動作速度，可以刺激身體高速對抗阻力的能力，最後的結果是在靠近80%的強度區可以做的速度更快，在靠近30%的強度區，則可以使用一樣快的速度做得更重。

除了將傳統的肌力訓練動作加速，提升爆發力還有幾個有效的途徑，常用的有增強式訓練、彈震式訓練、奧林匹克舉重衍生動作以及變動強度訓練等。這些訓練方式提供的強度區各有不同，可以混合運用，以滿足整個有效強度區。

發力率

前面提到，競技運動場上除了有力量之外，更重要的是高速用力以及更早發力的能力。高速用力的能力就是爆發力，而提早用力的能力就是發力率。發力率有賴人體在用力之初就大幅提升力量，而不是慢慢蓄積力量，因此需要符合這種特性的訓練。聽起來好像很複雜，不過你大概也猜到了，沒錯，用來提升爆發力的訓練項目，通常也可以提高發力率，而其中以彈震式訓練和奧林匹克舉重衍生動作最爲常見。彈震式訓練（ballistic training，亦稱爲彈道式訓練）指的是「只加速不減速」的動作，只加速不減速，主要是針對傳統重量訓練動作的特性，一個極快的臥推，或是一個極快的深蹲，其實在動作結束前都經歷了顯著的「減速過程」，因爲如果槓鈴持續加速而不減速，最終應該會脫手而出，或是離開背部。但是執行臥推或深蹲動作時，我們不會讓這件事發生，所以總是在一個加速又減速的過程中完成。彈震式訓練沒有特定的器材或方式，只要合乎「無需減速」的前提即可，最常見的是投擲，把一顆藥球用力往前拋出，球會沿著拋物線拋出，訓練者毋須將動作減速，因爲這個動作的終點就是讓藥球落地。奧林匹克舉重衍生動作也具有彈震式動作的特性，只不過因爲其動作特殊，所以自成一類。這些發力率訓練動作都有個特性，就是只有極短的時間可以用力，也因此可以訓練提早用力的能力。

除了爆發式訓練，另一個更重要的觀念是，其實提升最大肌力的過程中，發力率也會顯著提高。事實上，最大肌力尚未顯著提升之前，把時間花在發力率訓練的效益並不高，許多尚未建立最大肌力的選手，操作大量新穎的爆發力或發力率訓練，其實是事倍功半，甚至可能讓選手經歷不必要的風險。

前面討論了爆發力和發力率的觀念，絕大多數的例子圍繞著運動選手，這純粹是因爲舉例容易，不表示爆發力和發力率訓練是運動員專屬的訓練，除了競技運動員，軍警消和中老年人其實都可以受惠於某種程度的爆發力訓練。以軍警消來說，需要速度的任務如衝刺、破壞和搏鬥，都可以從提高爆發力來提高優勢，這裡的論述與運動員大致相同。中老年人的爆發力則比較複雜一些，不過之所以複雜，主要的原因通常是動作能力的限制，並不表示在協助中老年人做訓練時，就不需要考慮爆發力訓練。人在老化的過程中，第一個顯著降低的是做快動作的能力，這跟快縮肌纖維的流失以及神經系統的退化有關，此時往往也因爲關節活動度和姿勢穩定性的限制，無法安全的做爆發式訓練，這時候當然要先從提高最大肌力和增加肌肉量著手。一旦有足夠的基礎可以訓練爆發力，其實提升爆發力對於中老年人來說還是十分有用的，因爲能夠更快速地發揮力量，表示可以在不穩定的姿勢下迅速轉換腳步，從事更多原本無法從事的休閒或競技運動。

以上是針對爆發力和發力率的概念，以及最大肌力對爆發力和發力率的重要影響所做的討論，接下來將介紹常見的爆發力／發力率訓練方式。爆發力／發力率訓練方式眾多，將大重量訓練減輕以提高速度的方法，使用的動作原理與前述的肌力訓練動作相同，這裡不再贅述，以下將介紹最常用的奧林匹克舉重衍生動作及跳箱。

爆發力訓練實務

奧林匹克舉重衍生動作概述

奧林匹克式舉重衍生動作，是美國肌力及體能訓練圈廣泛採用的爆發力訓練動作。這些動作源自於長期訓練的舉重選手爲了修正特別的目標而做的訓練，某些被用來強化技術，某些被用來強化力量，某些則被用來提升爆發力，而專門用來強化爆發力的簡化動作，例如懸垂式上膊、窄抓舉，或甚至不存在正規舉重訓練裡的單手動作，就被肌力體能訓練圈用來幫助所有需要爆發力的競技運動員。這種作法行之有年後，這些肌力及體能訓練圈的慣用動作，逐漸進化成跟舉重已經截然不同的訓練動作，簡單易學而且效果卓著。

不過運動訓練圈裡永遠有路線之爭，許多有舉重教學或比賽經歷的人，對這類動作抱持著相當負面的態度，認爲這是不標準、不漂亮的動作，對這種訓練方式多有批評，甚至認爲肌力及體能教練如果不學習標準舉重動作就是一種怠惰，這類爭論一直持續至今。時至今日我們或許可以比較客觀的說，如果以培養舉重選手來說，這些動作雖然在基礎時期有建立基本爆發力以及避免訓練過於單調的功能，但的確說不上是正規的舉重訓練，抓舉挺舉的技巧太精細，單靠這些衍生動作無法培養出舉重選手。但是今天訓練的對象如果是需要提升爆發力的球類、田徑或技擊選手，這些看似破壞規則的動作，其實具有強大的訓練效果，是一套安全、易學又有效的動作。

奧林匹克式舉重之背景知識

爲了理解訓練的方針，補充一點點背景知識是必要的。所謂的舉重，指的是奧林匹克式舉重比賽，英文全名叫做「Olympic Weightlifting」，素來是奧運正式比賽當中的一個項目，其中包含了抓舉和挺舉兩個動作。而所謂的奧林匹克舉重「衍生」動作，指的是從抓舉和挺舉衍生出來的動作，衍生動作的種類可以有數十種，其中幾個常見的項目廣泛應用在肌力及體能訓練領域，被用來提升爆發力和發力率。

奧林匹克舉重衍生動作之所以有其效益，是因爲舉重動作過程中經歷了「彈震式動作階段」，也就是前面提到過只「加速不減速」的用力過程，這樣的過程迫使身體在發力的那一刻及早而且儘快用力，剛好符合發力率和爆發力的訓練需求。也因此，舉重選手其實是非常有爆發力的選手。

無論抓舉或挺舉的過程，都有些非常集中發力的點。以抓舉來說，選手從地面將槓鈴拉起至大腿前方，是一個緩慢加速的過程，像是助跑一般。當重量到達選手身材最適合爆發的高度（通常位於大腿中段位置）時，選手會猛力地做出三關節伸展（tripple-extension）的動作，這是整個動作最集中爆發的一刻，產生的爆發力足以讓槓鈴向上飛行一小段距離，選手藉著這個瞬間，用極其敏捷的速度將自身重心下沉，「鑽」進接槓姿勢，然後穩穩地接著槓鈴。

在那個爆發的瞬間，選手做的就是用力將槓鈴加速的動作，且由於槓鈴隨即進入慣性飛行階段，選手毋需收減力量幫槓鈴減速，因此形成了一段只加速不減速的過程。這段過程，不僅僅是舉重動作成功的必經過程，同時也複製了大多數競技運動當中瞬間發力的動作，運動場上的跑、跳、投擲、踢打等，都會經歷某種程度的高速三關節伸展，正因爲如此，舉重的衍生動作才能夠如此直接地幫助競技運動。

看到這裡，有些讀者可能會覺得困惑，前面章節已經討論過的三關節伸展動作主要訓練模式，就是髖主導和膝主導連成的光譜線上的動作，深蹲硬舉便是屬於此類動作。但既然如此，爲什麼還需要舉重衍生動作呢？

這是因爲雖然三關節伸展的「動作模式」，在深蹲硬舉等肌力訓練動作已經訓練過了，但是高速度的「肌肉收縮模式」其實很難在這些肌力訓練動作中複製。高速度的蹲跳和使用彈力帶阻力的硬舉或許可以算是少數可行的做法，但除此之外，在深蹲硬舉系列動作加重會明顯影響速度，因爲訓練者必須預留減速的階段，才不致於讓動作失控，所以無可避免地在初期加速之後就會開始減速。奧林匹克式舉重則不同，抓舉或挺舉的動作不只是「需要快快做」，實際上是「不能慢慢做」，因爲動作裡內建了一段靠慣性飛行的過程，如果不使用瞬發力，試著做個慢速的抓舉，或是慢速的挺舉，根本就無法製造出足以讓槓鈴飛行的爆發力（除非重量其輕無比）。因此，舉重動作及其衍生動作這種特性，等於是爲「高速度」設了一個門檻，也像是先天的速度監控，迫使訓練者必須快速徵召肌纖維來產生動作。

另一個常被問到的問題是，既然抓舉挺舉有這樣的特性，爲什麼不就讓所有人練舉重就好？爲什麼要採用衍生動作來當作肌力訓練課程裡的爆發力訓練動作？這個問題向來有許多的爭議，也沒有絕對的答案，不過由於一些實務上的原因，讓我們支持使用衍生動作作爲爆發力訓練的手段。首先是技術的複雜度，奧林匹克式舉重是一個高度技術性的競技項目，相同肌力、爆發力水準的選手可以因爲技術的差異，導致成績有巨大的差別。舉重選手爲了不斷讓技術純熟，花費的技術訓練時間，遠遠超過其他競技項目運動員的整體肌力訓練時間。技術複雜度越高，表示進步的幅度越長，在長期訓練的過程，很難區分選手到底是爆發力進步還技術進步。

其次，是舉重比賽動作除了需要將槓鈴舉高，同時也要能夠瞬間讓身體鑽低。舉高是一種三關節爆發力，鑽低是一種專項敏捷度，而爆發力是普遍性的，具有高度的遷移效果，也就是說，從把槓瞬間舉高的動作練出來的爆發力，也可以發揮在起跳和衝刺。但是專項敏捷度屬於專項，是快速變換方向的能力，主要來自於對技術的熟練度，例如籃球的運球過人、跆拳道的空中轉身、羽球的墊步移動和柔道的過肩摔，各自都是極度敏捷的動作，但是移動的方式卻大不相同，換言之，在高水準的技術展現裡，敏捷度不容易在項目之間遷移。如上所述，若是我們做個歸納，會發現完整的舉重比賽動作，其實只有三關節爆發眞正有遷移效果，其他的技術細節事實上是專屬於舉重的，如果球類、田徑、游泳選手想要轉型成舉重選手，當然需要在意這些細節，但若是選手只在意能不能跑的更快、跳得更高、蹬牆更有力，其實只有三關節伸展的爆發力是有效的。

此外，舉重比賽中，一旦槓鈴開始往上移動，就必須一路向上直到完成，中途不能夠往下折返。這讓舉重選手面臨一道難題，就是當槓鈴從地板上用硬舉的方式拉起時，髖關節、膝關節與踝關節已經逐漸開始伸展，等到槓鈴拉到適合起跳的高度時，膝關節很可能已經過了最有力量的角度，爲了讓膝關節重返適合發力的角度，需要在槓鈴持續上升的過程中，做出所謂的二次屈膝（double knee bend）動作。二次屈膝的動作要做得好，需要精準掌握時機，而這個時機在何時，與選手的身材和肢段比例有關，但是非舉重選手的身材變異度很高，且通常與舉重選手大不相同。要充分掌握二次屈膝的技巧，除了初學時期需要不斷重複正確的動作，舉起重量越來越重的過程中，也需要不斷進行技術訓練，即使是主張舉重並不難教的教練，也必須花大量的時間修整二次屈膝的技術。

不過，只需要一個小小的改變，就可以避開這種技術的複雜度。這個改變就是，讓動作的起點從槓鈴在地上的硬舉動作，改成槓鈴在懸垂姿勢的羅馬尼亞式硬舉動作，然後允許槓鈴先下滑至起跳高度，然後再折返向上加速。當爆發式動作的起點位置改爲懸垂姿勢時，馬上浮現出幾個好處，首先，身材差異造成的影響變得很小，從懸垂姿勢開始的動作等於一開始就給了每個人個別化的起點，訓練者只需要將槓鈴下滑一小段，就可以進入自己偏好的爆發力姿勢；其次，這個槓鈴先向下再向上的過程，其實就是一個反向動作跳（counter movement jump），負重訓練這個反向動作跳，等於是強化版的跳躍訓練，也就是以一個運動場上會自然出現的動作，來訓練負重的爆發力，既減低了訓練的困難度，也保留了三關節爆發的特性。因此，這種「反跳式」的舉重衍生動作，就因為上述的便利性和功能性而被廣泛採用。

以上只是衍生動作特性的一些例子，不過由此我們可以發現，修改至此，其實舉重衍生動作已經完全不是舉重比賽動作。如果學員是以成為舉重選手為目標，仍然建議儘早尋找舉重專項教練，以免在動作養成的過程中留下過多需要修改的習慣；但如果學員的目的是為了提升各種專項運動所需的爆發力，則舉重衍生動作是一個簡易且有效率的訓練方式。

如前所述，三關節爆發力動作在真實世界裡，通常以「髖主導」或「膝主導」的方式呈現，常見的舉重衍生動作也因應這樣的需求，有著髖主導與膝主導的代表動作。髖主導動作是以RDL為主要發力方式的「反跳窄抓舉」、「反跳上膊」為代表動作；膝主導動作是以高蹲姿為主要發力方式的「頸後爆發上推」、「頸前爆發上推」為代表。除了槓鈴的雙邊對稱動作之外，舉重衍生動作也包含了單邊版本的動作，而其中的髖主導動作以「窄站姿單手抓舉」為代表；膝主導動作以「寬站姿單手抓舉」為代表。以這些基本的代表動作為出發點，透過更改握槓的位置及接槓的腳步，還可以再衍生出更多變化動作。

以下，將介紹常用的舉重衍生動作訓練方式及注意事項。

反跳窄抓舉

使用槓鈴的舉重衍生動作，最簡易的版本就是反跳窄抓舉。顧名思義，這是握槓距離比較窄的抓舉動作，一般常見於舉重比賽的抓舉動作都是寬握，這是由於寬握的姿勢降低了重量必須飛行的高度，減少的動作幅度可以增加舉起的重量。運動員爆發力訓練的目的是提升爆發力，無須刻意使用縮短動作幅度的方法，最終結束的支撐姿勢類似肩推，可用一般RDL的握槓距離，簡單來說，這種衍生動作實際上就是一個加速版的RDL。從懸垂姿勢開始，讓槓鈴先順著大腿往下滑，再利用反跳的力量將槓鈴「甩」到高點，最後用雙臂高舉姿勢撐住槓鈴的動作。爲了教學方便，可以將整個動作流程分爲「RDL」、「跳聳肩」、「高拉」以及「接槓」，以下是各階段的動作說明：

RDL

動作流程（圖6-2-1）

動作初期，以懸垂姿勢握槓，雙腳站的距離爲適合起跳的距離，雙手位於大腿外側，這個部分與一般的RDL完全相同。訓練者保持壓胸夾背姿勢，握槓時手腕往身體方向扣緊，讓槓鈴貼在大腿上。RDL的下行過程在整個窄抓舉動作中，是反向動作跳的預備動作，槓鈴持續貼腿的情況下，訓練者藉由微屈膝、臀部往後推，並且保持脊椎中立，將槓鈴下降至膝上至大腿中段之間的位置。槓鈴下降的幅度與身材有關，所有條件不變的情況下，手臂越短的訓練者槓鈴位置可能越高，槓鈴下行的終點越接近中腿位置；手臂越長的訓練者槓鈴位置可能越低，槓鈴下行的終點越接近膝上位置，不過這個版本的動作爲了簡化，不會讓槓鈴低於膝關節，因爲一旦槓鈴低於膝關節，則上行的過程就必須經過二次屈膝的動作，才會回到適當的爆發力位置。

RDL的上行過程，是一個用下肢三關節伸展的力量將槓鈴沿著大腿往回拉的過程，藉由反向動作的助力，槓鈴在上行過程中持續加速，在這個過程中持續讓槓鈴輕貼著大腿移動。上升過程中的力量來自於三關節伸展，原先屈曲的髖關節、微屈的膝關節，以及只有微動的踝關節，在這個過程中開始朝向伸直的方向移動，通過初始懸垂位置附，接著進入下一個「跳聳肩」的階段。

(圖6-2-1) 反跳窄抓舉「RDL」階段動作示意。

1 準備動作，以正面觀之，懸垂姿勢握槓，雙腳站的距離爲適合起跳的距離，雙手位於大腿外側。

2 槓鈴持續貼腿的情況下，訓練者藉由微屈膝、臀部往後推，並且保持脊椎中立，將槓鈴下降至膝上至大腿中段之間的位置。

3 上行過程，將槓鈴沿著大腿往回拉。

爆發力動作呼吸法VS.肌力訓練呼吸法

爆發力動作的呼吸方式，與最大肌力訓練的呼吸方式不同。在以提升最大肌力爲目的的訓練中，我們依循的原則是「穩定性換得力量」，但在一般的爆發力訓練過程中，緊繃著全身的穩定性其實會拖慢動作速度，所以需要依循另外一個原則，就是「放鬆換得速度」。這讓負重的爆發式訓練落入兩難，不緊繃無法用安全的姿勢承接力量，但不放鬆又無法瞬間發力，這讓爆發式重量訓練有著看似窒礙難行的矛盾。不過，這其實可以藉由掌握「放鬆時機」來解決問題。負重過程，爲了保護脊椎、乘載重量，所以必須依循著「吸氣閉氣，壓胸夾背，扭地夾臀」的方式，但在爆發前的那一瞬間，藉由「短吐氣」的技巧，在爆發的那一刻讓核心穩定性極大，但下一個瞬間身體變成放鬆輕快的狀態，就可以讓力量轉換成爆發力。事實上，爆發力訓練有個極大的好處，就是訓練運動員在緊繃和放鬆之間的轉換能力，轉換能力越好，競技運動中的優勢越高。所以，以RDL的反向動作來說，槓鈴下行的過程中，人體是保持吸氣閉氣的，這股核心壓力會一路維持到跳聳肩之前，在跳聳肩啟動的那一刻，用短吐氣讓身體瞬間從緊繃狀態轉換成放鬆狀態，讓爆發力釋放出來。

注意事項

RDL的過程，有幾個常需要提醒的注意事項，首先是路徑的問題。在整個反向動作跳的過程中，槓鈴都是貼腿移動的，下行過程槓鈴貼腿而下，不要讓槓鈴飄離大腿，否則會製造多餘的力矩，減低動作效率，同時提高了駝背的風險。上升過程亦是如此，許多人在反向動作啟開始的那一刻就讓槓鈴向前盪出，向前盪出的槓鈴會帶有慣性，如果重量很重，可能會把訓練者往前「拉出去」，徒增後續動作的風險。雖然槓鈴上升過程不是一條完美的直線，但是也要避免過度的曲線路徑。

其次，整個反向動作的過程中，手臂都是打直的，雙手只要扣緊槓鈴，無需試圖用手臂的力量將槓鈴抬高。移動槓鈴的力量來自於下肢三關節的力量，透過軀幹傳遞到肩膀，再經過手臂懸吊重量。這個階段，手臂扮演的角色十分類似兩條懸吊重量的大鐵鏈，負責將下肢產生的力量傳遞到槓鈴，造成槓鈴的移動。如果手臂在這段過程中主動用力彎舉，下肢傳遞力量到槓鈴的過程中，手臂從堅固的鐵鍊變成有彈性的避震彈簧，下肢產生的力量將無法有效傳遞到槓鈴，槓鈴的位移也就會因此減損。

跳聳肩

跳聳肩階段是RDL反向動作跳的延伸，當槓鈴從反向動作「借」到力量之後，上行過程是一路加速，這個加速讓槓鈴在通過起點位置之後仍持續向上，此時人體順勢猛墊起腳尖，同時「向後上方」聳肩，此刻槓鈴終於離開貼身的位置，準備進入向上飛行的高拉階段。（圖6-2-2）

（圖6-2-2）反跳窄抓舉「跳聳肩」階段動作示意。

當槓鈴從反向動作「借」到力量之後，上行過程是一路加速，這個加速讓槓鈴在通過起點位置之後仍持續向上，此時人體順勢猛墊起腳尖，同時「向後上方」聳肩。

跳聳肩有幾個常見的注意事項。首先，在這個階段手臂仍然是打直的，聳肩的動作只有一瞬間，但是在這一瞬間結束之前，仍然不宜將手臂用力彎舉。此外，聳肩的方向是朝向自己的後上方，由於槓鈴在身體前方，許多初學者會不由自主地向「前」上方聳肩，造成這種情形的原因可能是對動作的理解不足，或者是在RDL的反向動作跳過程中伸髖不夠完整，導致身體仍然微微向前傾斜，但此時身體的姿勢應該是向後傾斜，尤其是在重量越來越重的時候，向後傾斜的角度也會越來越明顯。當跳聳肩動作完成後，槓鈴終於要「起飛」，下一個階段就是「高拉」。

高拉

高拉跟跳聳肩一樣，是一個順勢的動作。高拉的力量來自於RDL的反向動作跳，這股力道延續到聳肩，槓鈴藉著慣性向上飛行。高拉的動作是順著槓鈴上升軌跡用力，而不是一個單獨啟動的動作。窄抓舉的最終點是雙臂高舉過頭的動作，因此高拉動作幅度也特別的大。(圖6-2-3)

基本的原則是，高拉的動作其實是一個「提」槓鈴的動作，槓鈴上升到鎖骨前，手肘的高度都比槓鈴還高，而槓鈴上升到鎖骨以上時，手腕仍然會比槓鈴高，直到「接槓」的那一刻，才翻手腕接住槓鈴。槓鈴上升的路徑是一個扁長的弧線，而非畫一個大圓圈，因此不會離身體太遠。高拉過程常見的問題，是過度依賴手臂的力量，如前所述，高拉的動作應該是整個連續動作的一部分，如果槓鈴沒有飛到預期的高度，原因在於反跳爆發時的力道就已經不足，手臂能夠挽救的程度有限。高拉動作過後，接下來就是最後的「接槓」動作。

接槓

窄抓舉的接槓動作是一個高蹲姿、雙臂向上打直，並將槓鈴支撐在後腦正上方的動作。要進入這個姿勢，必須要在槓鈴甩到接近最高點之前的一瞬間，主動微屈膝進入穩固的支撐姿勢。這個下蹲動作的時機，也是翻手腕接槓的同一瞬間，以下分別說明。

（圖6-2-3）反跳窄抓舉「高拉」階段動作示意。

高拉的力量來自於RDL的反向動作跳，這股力道延續到聳肩，槓鈴藉著慣性向上飛行。高拉的動作是順著槓鈴上升軌跡用力，而不是一個單獨啟動的動作。

動作流程（圖6-2-4）

槓鈴上升的過程，任何一個時刻都可以主動下蹲，下蹲的越低，就可以在越低的姿勢接住槓鈴，下蹲得越淺，就會在越高的姿勢接住槓鈴。爆發力相同的情況下，槓鈴飛行的高度，與槓鈴的重量有著反比關係，不過如前所述，下蹲接槓屬於舉重專項的技術，對於大多數以提升爆發力為目的的訓練者來說，將槓鈴甩到最高點，用微蹲的方式接住槓鈴是比較簡單易學的作法。接槓時槓鈴與身體的相對位置，是位於後腦的正上方，雙臂打直，頸椎、胸椎及腰椎呈中立姿勢。

微蹲的高度大約是四分之一到六分之一蹲的深度，屈膝屈髖要均衡，屈髖不足且又過度

(圖6-2-4) 反跳窄抓舉「接槓」階段動作示意。

槓鈴上升的過程，在適當的時刻主動下蹲。
微蹲的高度大約是四分之一到六分之一蹲的深度，屈膝屈髖要均衡。
接槓時槓鈴與身體的相對位置，是位於後腦的正上方，雙臂打直，頸椎、胸椎及腰椎呈中立姿勢。

屈膝會導致膝蓋向前凸；過度屈髖而屈膝不足會導致軀幹向前傾。這兩種狀況都不好，初學時需要花一些時間用很輕的重量嘗試錯誤，找出適合的接槓時機和接槓蹲姿。有些訓練者偏好的接槓腳步與RDL起跳的腳步不同，通常是接槓的腳步需要比起跳的腳步寬一些，所以會有所謂「窄跳寬接」的技巧。在這個階段會經過一個挪動腳步的過程，也就是在跳聳肩動作完成的那一瞬間，將腳稍微抬離地面，然後挪到接槓的腳步位置再穩穩落地。這是一個非常迅速且簡潔的動作，許多初學者會大幅度的屈膝收腳，將雙腳向後勾似地抬離地面，然後再重重落地，發出痛快地踏地聲。這種勾踢動作有個英語名字叫做donkey kick，形容這樣的動作很像驢子踢腿。此動作雖然常見，而且有些訓練者會覺得這樣可以更用力，但這個過程其實是多餘的，因爲雙腳只有接觸地面才可以對地面用力，對地面用力產生的反作用力讓人可以舉起重量，一旦雙腳離開地面，就不再能夠對地用力，也就無助於發力。因此腳離地的時間可以儘量縮短，夠將雙腳挪移到想要的位置即可，如果接槓姿勢與起跳姿勢相同的話，其實無須任何挪移，在原地就可以把整個動作完成。

完成微蹲接槓，不代表整個動作已經完成，最後還需要把腳伸直，整個人站直，呈現一個類似肩推最高點的姿勢，窄抓舉的完整動作才算完成，完成的姿勢必須對稱且穩固，槓鈴仍然位於後腦正上方。收槓時除非緊急意外，否則不要直接將槓鈴丟向地面，建議以肩推逆轉的動作將槓鈴先下降至胸前，回到肩推的起點姿勢，然後再將槓鈴下降回到懸垂位置。若有連續動作，則再次從RDL的反向動作跳開始；若無連續動作或已經完成動作，則以硬舉逆轉的動作將槓鈴穩穩放回地面。有個常見的錯誤，就是在這些過程中搶拍。許多初學的學員爲了趕時間完成動作，時常槓鈴還沒有穩穩接好就急著站起來，但又在還沒完全站直的時候就把槓放下來，整個過程等於跳過了接槓和站直的步驟，這樣含糊帶過的動作要儘早改正，才不至於養成習慣，對後續的訓練留下風險。（圖6-2-5）

前面提到過，肌力訓練是爆發力訓練的基礎。以窄抓舉來說，建議在學員已經熟悉RDL、前蹲舉、背蹲舉和肩推等動作，且具有一定的肌力基礎之後再進行窄抓舉訓練。

（圖6-2-5）反跳窄抓舉連續動作。

3
4
5
6

反跳上膊

反跳上膊的動作特性和訓練功效，與窄抓舉相當類似，同樣從RDL的反向動作跳開始，經過跳聳肩和高拉，最後以一個高蹲姿接住槓鈴。兩者最主要的差異，在於接槓的姿勢。窄抓舉，槓鈴是接在一個雙臂高舉過頭的姿勢；反跳上膊，槓鈴則是接在前蹲舉的姿勢。

肌力體能訓練系統中，既然爆發式動作的目的是爲了訓練爆發力，爲何相同性質的動作需要不只一個？這是因爲訓練必須有足夠的多樣性，長期訓練的人都知道，我們不可能長期只做一個動作就持續一直進步，通常需要一些輪換動作，除了避免乏味之外，更重要的是以不同的動作型態給予身體刺激，身體才會持續產生反應，過度重複的訓練會讓身體疲乏，有些時候會跳過進步，變成持平或甚至耗竭。

以下介紹反跳上膊的動作流程和注意事項。反跳上膊與反跳窄抓舉一樣，分爲RDL、跳聳肩、高拉和接槓四個階段，其中RDL和跳聳肩的部分與窄抓舉相類似，因此敍述會較爲精簡，或僅列出與窄抓舉相異之處，至於相同之處可以參照前面窄抓舉的部分。

RDL

反跳上膊的RDL階段，動作結構和呼吸方式與反跳窄抓舉大致相同，比較需要調整的地方是握槓的距離。由於必須以前蹲舉的姿勢接槓，所以要預先握在可以配合接槓的位置。關於前蹲舉握槓姿勢的可以參照前蹲舉的部分，在此需要強調的是，前蹲舉雖然有滿握、三指開握和兩指圈握等方法，但是其中只有滿握和三指開握的方式適合用於反跳上膊，二指圈握的方式僅適用於從蹲舉架上取槓的前蹲舉。

動作流程（圖6-3-1）

確定雙手握槓的位置之後，其餘要領與反跳窄抓舉相似。RDL下行過程，以微屈膝且髖關節往後推的方式，讓槓鈴順著大腿往下，讓身體利用這個牽張反射的過程蓄積力量，至適合起跳的關節角度時開始往回拉。反跳上膊的槓鈴下降位置可能與窄抓舉相同，也可能不同，這是握槓距離所造成的。一般來說，握得越寬槓鈴下降的位置越高，握得越窄槓鈴下降的位置越低，如果兩個動作的握槓距離相同，則下降的姿勢也會相同。反拉之後開始加速，接著銜接到跳聳肩的動作。

（圖6-3-1）反跳上膊「RDL」階段動作示意圖。

1. 準備動作，以正面觀之，懸垂姿勢握槓，雙腳站的距離爲適合起跳的距離，雙手位於大腿外側。

2. RDL下行過程，以微屈膝且髖關節往後推的方式，讓槓鈴順著大腿往下，讓身體利用這個牽張反射的過程蓄積力量。

3. 至適合起跳的關節角度時開始往回拉。

跳聳肩（圖6-3-2）

反跳上膊的跳聳肩動作要領與窄抓舉相同。跳聳肩階段是RDL反向動作跳的延伸，反向動作的力量向上傳遞後，帶著槓鈴在上行過程是一路加速，這個加速讓槓鈴在通過起點位置之後仍持續推進。此時人體順勢猛墊起腳尖，肩膀向後上方聳肩，傳遞這力道直到最高點，最終槓鈴終於離開與身體接觸的位置，進入飛行階段。反跳上膊的跳聳肩注意事項與窄抓舉相同，需注意不要提前彎曲手臂，不要向前聳肩，重量很重的時候身體可自然向後傾斜。聳肩動作結束後，接下來就要進入高拉的階段。

（圖6-3-2）反跳上膊「跳聳肩」階段動作示意圖。

跳聳肩階段是RDL反向動作跳的延伸，反向動作的力量向上傳遞後，帶著槓鈴在上行過程是一路加速，這個加速讓槓鈴在通過起點位置之後仍持續上升。

高拉

到了高拉階段，反跳上膊和反跳窄抓舉的動作開始出現一些差異。窄抓舉的過程中，因爲要將槓鈴拉到最高點，所以聳肩後，雙手終於可以屈肘上拉時，手肘會一路向上，一直到槓鈴到達鎖骨高度時，手肘都還在比槓鈴高的位置。上膊的接槓位置是在頸前，也就是前蹲舉接槓的前三角肌平台位置。由於接槓的位置低得多，手肘比槓鈴高的階段也比較短，大概在心窩到上胸之間，依照不同的身材肢段比例，槓鈴可以能會開始超越手肘高度。值得提醒的是，這個提早換位是爲了配合後續的接槓姿勢，高拉的力量仍然是一個「上提」的力量，不要誤解成「彎舉」的力量。當槓鈴來到上胸位置附近，就可以準備進入最後的接槓階段。（圖6-3-3）

（圖6-3-3）反跳上膊「高拉」階段動作示意。

上膊的接槓位置是在頸前，也就是前蹲舉接槓的前三角肌平台位置。
由於接槓的位置低得多，手肘比槓鈴高的階段也比較短，大概在心窩到上胸之間。
當槓鈴來到上胸位置附近，就可以準備進入最後的接槓階段。

接槓

與窄抓舉相同的是，接槓姿勢並不是直膝直腿的姿勢，而是微微下蹲，用四分之一到六分之一深度的高蹲姿去承接槓鈴的重量。上膊高拉階段，槓鈴最高的位置概略位於上胸的高度，而接槓姿勢是讓槓落在前三角肌平台。此時最有效率的作法，是在槓鈴位於最高點的瞬間剛好微蹲下沉，雙手保持握槓，同時讓原本在槓鈴後方的手肘從槓下方「繞行」向前，手肘往前抬高的同時，用前三角肌平台去承接槓鈴。這是個需要掌握時機的動作，如果身體下蹲得過慢，會無法在槓鈴下降之前接住；如果下蹲過早，或是高拉得過高，會讓槓鈴從遠高過上胸的位置下降，造成一個半蹲等著被槓敲的窘境。這個時機需要經過一些練習，初期可以用空槓反覆將槓鈴從懸垂位置用雙手拉起，然後直接放置在前蹲舉的接槓位置，暫時不管反向動作跳以及高蹲姿接槓，讓身體先習慣瞬間承接槓鈴的感覺，之後再進行完整動作的訓練。

與窄抓舉相同的是，有些人的高蹲姿接槓的腳步可能與RDL起跳的腳步不同，如果有這樣的情形，一樣可以用「窄跳寬接」的技巧完成接槓，不過對許多人來說，相同腳步的高蹲姿即可完成接槓。接完槓後，最後階段就是穩穩地站起來，回到直立姿勢，然後才將雙手放下，讓槓鈴回到懸垂姿勢。這個過程同樣要做得精確，不應在槓鈴尚未接穩就急著站起，又在尚未站直之前急著放下，將接槓動作含糊帶過，這樣訓練不僅效果可能打折扣，也提高了動作的風險。回到懸垂姿勢後，調整呼吸，可以進行下一次反覆，如果只做單次或是已經完成所有反覆，則可以用硬舉下行的過程將槓鈴放回地面。（圖6-3-4）

(圖6-3-4）反跳上膊「接槓」階段動作示意。

接槓時，最有效率的作法，是在槓鈴位於最高點的瞬間剛好微蹲下沉，雙手保持握槓，同時讓原本在槓鈴後方的手肘從槓下方「繞行」向前，手肘往前抬高的同時，用前三角肌平台去承接槓鈴，完成接槓之後，再恢復直立姿勢。

爆發式頸後推

反跳窄抓舉和反跳上膊是爆發式動作的「髖主導」版本代表動作，膝主導版本的動作則是爆發上推，依其負重的位置，又分爲頸後和頸前爆發上推。頸後爆發上推前半段動作其實是一個半蹲跳，只不過跳起來的不是人體，而是槓鈴；後半段動作是一個借力的肩推，最終完成姿勢，落在肩推的最高點，所以教學上，可以把動作分爲半蹲跳和接槓兩個部分。

半蹲跳

爆發式頸後推的初始姿勢與背蹲舉相同，從蹲舉架上取槓的流程也相同。一般來說，只要能夠順利銜接後續的上推動作，並不會硬性規定槓鈴背在背上的位置，高槓位、中槓位或低槓位都可以，不過高槓位需要的肩關節活動度較小，且比較不會受到肩關節柔軟度影響，因此爆發式頸後推比較常使用高槓位。

從蹲舉架上取槓後，退到適當位置，雙腳站距未必與深蹲訓練時相同，這個時候，應該站在最適合跳躍的腳步。下蹲過程近似儘量保持直體姿勢，下降到四分之一至六分之一蹲的高度，然後用近似跳躍的方式，用力做出下肢三關節伸展。半蹲反跳的過程中，槓鈴穩穩地支撐在斜方肌上，身體跟槓鈴緊密接觸，可以確保蹲跳的力量有效傳遞到槓鈴上，畢竟目標是把槓鈴向上移動，如果過程中槓鈴跟身體未妥善貼合，會讓推動槓鈴的效率減低，也提高了風險。所以這個階段雙手略爲施力將槓鈴壓在肩膀上，可能有助於維持穩定性，但是同時也要考慮到，最終槓鈴還是要向上起飛，所以雙手也不應該將槓鈴緊壓在肩上不放開。透過訓練和經驗，可以逐漸掌握雙手控制槓鈴的力道和分寸。（圖 6 -4-1）

隨著肩膀的推送，槓鈴逐漸跟著加速移動，半蹲跳最終的姿勢是三關節伸展到極限的直腿踮腳尖姿勢。跟反跳式窄抓舉和上膊一樣，無須刻意將雙腳跳離地，因為離地的腳無法再對地面施力，因此踮腳尖姿勢會是下肢動作的最高點，也就在這一刻，槓鈴會離開肩膀，帶著衝力往上起飛，此時雙手順勢跟著往上推，直到最高點處直接銜接接槓姿勢。

（圖6-4-1）爆發式頸後推「半蹲跳」階段動作示意。

1 雙腳站距，應站在最適合跳躍的腳步。

2 下蹲過程近似儘量保持直體姿勢，再下降到四分之一至六分之一蹲的高度，然後用近似跳躍的方式，用力做出下肢三關節伸展。

3 最終姿勢是三關節伸展到極限的直腿踮腳尖姿勢。

接槓

爆發式頸後推的接槓姿勢與肩推姿勢相當類似，踮腳尖的那一刻，三關節伸展的動作幅度也已經達到最大，接下來就是將腳後跟穩穩落地，同時把手臂直推到底。這是一個直膝接槓的姿勢，動作完成時下肢與軀幹打直，雙手手肘打直，槓鈴位於後腦正上方，呈現一個「頭探出窗外」的姿勢，而槓鈴的正下方概略就是腳掌心的位置。

爆發式頸後推的直膝接槓姿勢，與挺舉的屈膝接槓姿勢只有一線之隔，所以許多學員在初學時期會產生混淆。爆發式頸後推的直膝接槓姿勢是在槓鈴向上飛行到接近頂端時，將雙膝打直鎖緊，以手臂的推力完成最後一小段距離；挺舉的屈膝接槓姿勢，是在槓鈴向上飛行到接近頂端時，主動屈膝蹲接，用下蹲抵銷一部分槓鈴上升的距離。所以爆發式頸後推最後的接槓姿勢已經是站直的最高點，而挺舉的接槓姿勢是屈膝，還需要站直才能回到最高點。這兩個相似的動作，主要的差異在於動作尾端的力量是由手臂完成，還是由下肢完成，兩者都是正確的訓練，只是著重的訓練部位不同，不應混淆。（圖6-4-2）

槓鈴到達最高點後，接下來的問題是如何安全地折返。如前所述，除非緊急狀況，否則不建議將槓鈴從高處直接摔落在地。爆發式頸後推的折返動作，是將槓鈴從最高點的支撐位置穩穩放回背蹲舉的負重位置，這個過程除了軌跡要正確之外，也需要一點緩衝技巧。槓鈴落下來到快要接觸斜方肌之前，身體可以略為屈膝，把下肢當作避震器，緩衝槓鈴對頸後負重位置的衝擊力道。要知道一枝重槓帶著位能往下掉，力道是相當驚人的，這時候如果硬碰硬地用肩背去承接，會大幅提高頸部和肩部受傷的風險。建議在訓練初期就用輕槓反覆練習從支撐位置落回背蹲舉位置的動作，過程中反覆習慣下肢的緩衝動作，然後才可以循序漸進地加重量。

由於爆發式頸後推的動作與背蹲舉和肩推相似，可以將背蹲舉和肩推視為爆發式頸後推的基礎訓練，待背蹲舉和肩推的技術純熟且具有一定肌力基礎後，再進行爆發式頸後推會比較安全有效。

(圖6-4-2)爆發式頸後推「接槓」階段動作示意。

1. 踮腳尖的那一刻，三關節伸展的動作幅度也已經達到最大，接下來就是將腳後跟穩穩落地，同時把手臂直推到底。

2. 動作完成時下肢與軀幹打直，雙手手肘打直，槓鈴位於後腦正上方，呈現一個「頭探出窗外」的姿勢，而槓鈴的正下方概略就是腳掌心的位置。

3. 槓鈴落下來到快要接觸斜方肌之前，身體可以略爲屈膝，把下肢當作避震器，緩衝槓鈴對頸後負重位置的衝擊力道。

爆發式頸前推／爆發上推

爆發式頸後推是從背蹲舉的姿勢做半蹲跳的動作，爆發式頸前推則是從前蹲舉的姿勢做半蹲跳的動作，習慣上這個頸前的版本被稱爲爆發上推，以下也將用爆發上推稱之。

爆發上推的起始姿勢是前蹲舉的握槓姿勢，比較需要強調的是，後續的動作會把槓鈴用力向上推起，最終以滿握的方式支撐在最高點，因此動作初期握槓的方式儘量以「滿握」較爲安全，開握會面臨可能需要空中抓槓的驚險，圈握更可能會發生握法轉換不及的問題，所以應該一開始就滿握槓鈴。在前蹲舉的姿勢滿握槓鈴可能需要一些寬度測試，和打開一些活動度，這部分可以參考前面關於前蹲舉的敘述。槓鈴滿握、手肘抬高，且將槓架在前三角肌平台後，就可以進行下一個階段——半蹲跳的動作。（圖6-5-1）

半蹲跳

爆發式頸後推是將半蹲跳的力量，透過肩膀後斜方肌上的支撐力推動槓鈴向上；爆發上推則是將半蹲跳的力量，透過前三角肌平台的支撐力推動槓鈴向上。初學者常見的錯誤，是前蹲舉的支撐姿勢做得不夠確實，或手肘抬得不夠高，以至於槓鈴的重量並不是由前三角肌平台支撐，而是由雙手支撐。雙手支撐的動作結構多了肩關節、肘關節和腕關節等環節，等於需要多控制好幾個環節的穩定性，重量越來越大時，要鎖緊這些關節會變得越來越困難，各個關節會逐漸開始出現晃動，影響整體動作的穩定性，並減損下肢爆發力的傳遞。因此起跳前務必確認槓鈴與前三角肌平台緊貼，而且手肘位於夠高的位置，不至於讓槓鈴往前滑落。

(圖6-5-1)爆發式頸前推/爆發上推「站姿」示意圖。

起始姿勢是前蹲舉的握槓姿勢。
槓鈴儘量滿握、手肘抬高,且將槓架在前三角肌平台。

起跳時,一樣均勻地屈膝屈髖,由於負重位置在身體前方,軀幹的姿勢會相當直立。以反向動作跳的方式淺淺下蹲,然後向上起跳。起跳的動作是以三關節爆發力來驅動,用前三角肌平台的支撐力將槓鈴往上推,雙手扮演著導引和輔助的地位。這時不要喧賓奪主,搶先用手推槓,以免影響下肢三關節的爆發力向上傳遞。下肢起跳的終點姿勢是踮腳尖,如前所述,無需刻意屈膝將腳抽離地面。(圖6-5-2)

槓鈴從肩膀前側的前三角肌平台出發,目標對準後腦正上方的最高點支撐位置。過程中無可避免的必須處理下巴擋路的問題,這問題與肩推遇到的問題類似,但是更難處理一些,因爲肩推時槓鈴是握在雙手,用手臂的結構和力量支撐,槓鈴的位置沒有那麼「深入」下巴下方,但是爆發上推的槓鈴位置十分深入下巴下方,甚至直接貼到頸部,所以比肩推更難處

(圖6-5-2)爆發式頸前推／爆發上推「半蹲跳」示意圖。

1. 起跳時，均勻地屈膝屈髖。以反向動作跳的方式淺淺下蹲，然後向上起跳。

2. 起跳動作以三關節爆發力驅動，用前三角肌平台的支撐力將槓鈴往上推，雙手扮演著導引和輔助的地位。

3. 槓鈴順利起飛，而且通過下巴，從前額前方通過後，進入接槓動作。

理。肩推的處理方式是讓身體從髖關節向前推，軀幹向後傾斜，讓出足夠的空間讓槓離通過下巴前方，這個部分，可以回頭參照肩推的章節。爆發上推因爲槓鈴比肩推更爲「深入」，一旦下肢三關節爆發力已經推動槓鈴向上起飛，身體需要後仰得稍稍多一些，同時也需要一點抬頭，如此，便可以讓出槓鈴上升所需的路徑。當槓鈴順利起飛，而且通過下巴，從前額前方通過，接下來就可以進入最後的階段 —— 接槓。

接槓

下肢三關節爆發的最高點是踮腳尖的姿勢，接著槓鈴就會進入飛行階段。槓鈴向上飛行的過程中，身體是微微向後傾斜的，而接槓的姿勢是雙臂打直向上支撐，且頭部向前「探出窗外」的姿勢，因此接槓前，身體必須先回到接槓位置。槓鈴掠過前額時，身體就可以趕快向前回正，此時槓鈴仍會持續上升，雙腳從踮腳尖姿勢穩穩踩回整個腳掌接觸地面的姿勢，雙腿打直，雙手順勢向上推直，將槓鈴推到最高點的支撐位置。此時槓鈴位於後腦正上方，也概略在腳掌心正上方。（圖6-5-3）

如果是訓練連續動作，收槓時可以採用肩推的逆轉動作，但將槓鈴收回前三角肌平台的位置，此時一樣需要一點屈膝緩衝，不要讓槓鈴硬碰硬地靠上肩膀。如果是訓練單次動作，或是連續動作已結束，可以從前蹲舉負重姿勢將槓鈴放下，回到懸垂姿勢，然後再以硬舉下行的路徑將槓鈴放回地面。

以上介紹的都是雙邊、對稱版本的舉重衍生動作。相同性質的爆發力訓練動作也有單邊版本，單邊版本的爆發力訓練動作可以使用啞鈴或壺鈴，種類繁多，幾乎可謂千變萬化。常見的基本訓練可由兩種不同版本的單手抓舉開始，藉由寬站姿和窄站姿兩種不同的腳步，訓練膝主導和髖主導兩種類型的發力方式。

（圖6-5-3）爆發式頸前推／爆發上推「接槓」示意圖。

槓鈴掠過前額時，身體必須從微微後仰的姿勢趕快向前回正，此時槓鈴仍會持續上升，雙腳從踮腳尖姿勢穩穩踩回整個腳掌接觸地面的姿勢，雙腿打直，雙手順勢向上推直，將槓鈴推到最高點的支撐位置。
此時槓鈴位於後腦正上方，也概略在腳掌心正上方。

寬站姿單手抓舉

寬站姿單手抓舉，是個將擺放在地面的啞鈴，用一氣呵成的方式直接甩過頭頂的動作，最後接槓在單手過頭高蹲姿的姿勢，很像想要把一個重物拋到天花板的過程，只不過最後沒有眞的拋出去。這是我們常用的動作當中，少數從地板起槓的衍生動作。前面曾提過的槓鈴版本，我們都選擇從懸垂姿勢起跳以簡化教學流程，但是寬站姿單手抓舉因爲使用啞鈴，啞鈴從地上拉起時，會直接從雙膝中間通過，無需經過二次屈膝的過程，所以變得十分簡單。當然這裡也要再次強調，二次屈膝絕對不是錯誤動作，如果教練可以在短時間內讓學員掌握技術當然沒有問題，避開二次屈膝的教學過程純粹是爲了簡化教學流程，而非對此技術優劣的評價。以下說明寬站姿單手抓舉的動作流程和注意事項。

動作流程

寬站姿單手抓舉幾乎可以選用任何形式的啞鈴，只要啞鈴的長度適中，且結構堅固，不會因爲高速移動而解體即可。可拆卸的啞鈴短槓必須有鎖緊槓片的螺絲或卡扣，以免動作過程中槓片散落。動作初期，啞鈴放置於地面，雙腳站在啞鈴的兩端，使啞鈴概略對齊腳掌心。雙腳距離啞鈴兩端最好有些距離，因爲啞鈴上升過程會通過膝蓋中間，太窄的腳步距離可能會導致更窄的膝蓋距離。（圖6-6-1）

站好腳步後，接下來要用屈膝屈髖的方式降低姿勢，直到單手可以抓握啞鈴爲止。這個過程很像寬站姿的半蹲，也很像單手的相撲硬舉，只不過腳步的寬度比使用槓鈴的相撲硬舉窄一些。下蹲時必須保持中立脊椎，髖關節和膝關節是主要產生動作的部位，而非腰椎，腰椎必須全程保持中立姿勢，並且用呼吸法鞏固，這關係到動作效率和安全性，必須確實做到。爲了讓單手抓握地面的啞鈴，胸椎允許產生一些旋轉，但不應轉至極限，也不應產生駝背姿勢，更不要讓轉動延伸到腰椎，這樣的狀況下，雙肩會概略以45度角的方式一前一後。如果這樣的姿勢不足以讓訓練者抓握到地面的啞鈴，可以將啞鈴墊高，放置在幾層槓片或矮木箱上。啞鈴在地面上的高度通常會比槓鈴低一些，標準槓片的直徑是45公分，因此槓鈴距離地面的高度概略爲22.5公分，不過一般啞鈴的槓片直徑比標準槓片小上許多，握把位置也會低上許多，如果重量太低導致無法用安全的姿勢抓握，墊高啞鈴是一個可行的做法，並不會減損訓練的效果。

準備姿勢就緒，接下來就是動作的過程。跟前面的動作一樣，我們將動作分爲四個連續的階段來解說：半蹲、跳聳肩、高拉、接啞鈴。

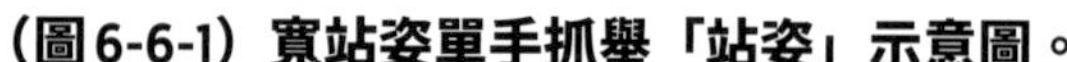

(圖6-6-1) 寬站姿單手抓舉「站姿」示意圖。

啞鈴放置於地面，雙腳站在啞鈴的兩端，使啞鈴概略對齊腳掌心。
用屈膝屈髖的方式降低姿勢，直到單手可以抓握啞鈴爲止。

半蹲

寬站姿單手抓舉的準備姿勢是一個寬步的半蹲姿，從這個準備姿勢開始，用「吸氣閉氣、壓胸夾背、扭地夾臀」的方式鞏固核心，在確保中立脊椎姿勢的情況下開始用雙腳用力推地。推地的過程其實也很像一個單手的相撲硬舉，槓鈴在上升過程逐漸加速，銜接後續的跳聳肩動作。半蹲上升過程，需要注意手臂並沒有主動屈肘產生動作，事實上除了扣緊啞鈴外，手臂應該保持放鬆，才不會影響動作速度。半蹲上升過程依賴下肢三關節伸展產生的力量，而這個動作會一路上升到直膝直腿的姿勢，並且在用力踮腳尖的那一刻銜接跳聳肩動作。（圖6-6-2）

（圖6-6-2）寬站姿單手抓舉「半蹲」示意圖。

在確保中立脊椎姿勢的情況下開始用雙腳用力推地。

2

上升過程需注意手臂並沒有主動屈肘產生動作，且依賴下肢三關節伸展產生的力量。

跳聳肩

跳聳肩動作是半蹲上升動作的延續。半蹲上升過程，啞鈴一路被身體產生的力量加速，三關節伸展接近完成前，會有一次猛力伸展的機會，直接一路加速到底，進入踮腳尖且向後向上聳肩的姿勢。這一瞬間的爆發力，是引導啞鈴進入起飛階段的關鍵。所以從半蹲上升過程到跳聳肩，其實有一個先慢後快的節奏，從半蹲姿的最低點開始，是一個一邊加速，一邊移動到「最適起跳姿勢」的過程。最適起跳姿勢因人而異，不過通常會落在高蹲姿附近，或是所謂的四分之一蹲或六分之一蹲。太早起跳會無法讓啞鈴達到夠高的高度，太晚起跳則會錯過最有力量的角度。最好的方法是用輕的重量，讓學員嘗試找出適合自己的姿勢。（圖6-6-3）

（圖6-6-3）寬站姿單手抓舉「跳聳肩」示意圖。

半蹲上升過程，啞鈴一路被身體產生的力量加速，三關節伸展接近完成前，會有一次猛力伸展的機會，直接一路加速到底，進入踮腳尖且向後向上聳肩的姿勢。

直到跳聳肩動作完成前，手臂都是打直的。這一點跟槓鈴版本的系列動作相同，跳躍的力量從足底直達肩膀，手臂扮演了懸吊重量的角色，如果手臂主動用力彎曲，等於在上拉過程增加了緩衝力量，就好像把懸吊重量的鐵鍊變成彈簧，反而容易減損力量的傳遞。因此，跳聳肩的那一刻，抓握重量的手僅僅是用來扣緊重量，但是手臂不要彎曲，甚至應該盡量放鬆，才可以快速銜接下一個階段的動作 —— 高拉。

高拉

跳聳肩的力量達到最高時，啞鈴會被下肢三關節伸展所產生的爆發力向上拉起，進入飛行階段。當啞鈴開始向上飛行時，耐心等待許久的手臂終於可以貢獻力氣，順勢向上高拉。由於單手抓舉的終點位置，是手臂向上高舉的姿勢，高拉的過程要讓手肘儘量提高。通常在啞鈴到達上胸位置時，手肘仍然高於啞鈴，等到啞鈴越來越高，手肘已無法維持在高於啞鈴的高度時，就持續以「提舉」的方式上拉，此時最高點爲手腕。手臂逐漸往上拉的過程中，三關節伸展也逐漸從踮腳尖姿勢朝向全腳掌著地的狀態移動。等到手臂幾乎打直，就可以銜接最後一個階段 —— 接啞鈴。（圖6-6-4）

接啞鈴

三關節爆發的動作最終在跳聳肩的時候達到伸直，手臂幾乎打直的那一刻，身體則準備從直膝直腿的姿勢落回高蹲姿。這是一個同步發生的動作，翻手腕接啞鈴的同時，下半身也循著屈膝屈髖的方式「坐」回高蹲姿。值得注意的是，寬站姿單手抓舉的起始腳步本來就比較寬，有些初學者接啞鈴時會站得太高，錯過或忘記「坐」回高蹲姿，這在腳步不那麼寬的時候或許沒什麼問題，但是當人體處於寬站姿時，如果用直膝的姿勢猛然承接重量，可能會對膝關節造成不當的壓力。因此再次特別提醒，寬站姿一定要以屈膝屈髖的姿勢承接重量，這並不表示寬站姿永遠不能直膝負重，而是承接重量的這一刻要特地避免直膝。

（圖6-6-4）寬站姿單手抓舉「高拉」示意圖。

高拉的過程要讓手肘儘量提高，直到手肘無法維持在高於啞鈴的高度時，持續以「提舉」的方式上拉，此時最高點爲手腕。等到手臂幾乎打直，就可以銜接接啞鈴階段。

在寬的高蹲姿接好重量後，就可以緩緩站起，並且用肩推逆轉的方式讓啞鈴下降至肩上的高度，再轉換姿勢回到懸垂姿勢，最後用相撲硬舉下行的動作將啞鈴穩穩放回地面。（圖6-6-5）

(圖6-6-5) 寬站姿單手抓舉「接啞鈴」示意圖。

1 翻手腕接啞鈴的同時，下半身循著屈膝屈髖的方式「坐」回高蹲姿。

2 在寬的高蹲姿接好重量後，就可以緩緩站起。

窄站姿單手抓舉

窄站姿單手抓舉的起跳動作，是髖主導的RDL動作。與反跳窄抓舉和反跳上膊相同，動作一樣經過RDL、跳聳肩、高拉和接啞鈴等四個階段，如果動作開始之前啞鈴是置於地面，訓練者應依照硬舉的技巧，以單手的方式將啞鈴拾起，過程中應用呼吸法保護脊椎，不要用隨意的方式撿起地上的啞鈴，以免製造不必要的受傷風險。各階段動作要領注意事項分述如下。

RDL

窄站姿單手抓舉的RDL動作，動作起點爲站姿單手懸垂姿勢，啞鈴置於同側的大腿前方，啞鈴的槓片輕觸大腿。此時，需要保持壓胸夾背姿勢，要避免因爲重量在身體前方而駝背，也要避免旋轉脊椎。動作初期，啞鈴沿著一側的大腿表面下滑，落至大腿中段與膝上之間的位置，接著循著原路徑拉回，藉由這一去一回的過程，製造反向動作蓄積力量。上升過程逐漸加速度，當RDL動作回到最高點位置時，沿路蓄積的爆發力持續到下個動作階段——跳聳肩。（圖6-7-1）

（圖6-7-1）窄站姿單手抓舉「RDL」示意圖。

1 動作起點爲站姿單手懸垂姿勢，啞鈴置於同側的大腿前方，啞鈴的槓片輕觸大腿。

2 啞鈴沿著一側的大腿表面下滑，落至大腿中段與膝上之間的位置，接著循著原路徑拉回。

跳聳肩

RDL的反向動作造成的衝力，在人體回到直立姿勢的時候還不會停歇，下肢三關節伸展動作一路延續到一個猛力的踮腳尖動作。這股力量向上傳遞時，讓直立的身體持續衝高到聳肩的姿勢，此時手臂仍然懸垂打直，不要主動用力，要盡量讓下肢的力量傳遞到啞鈴，使得啞鈴被跳聳肩的力量帶往飛行的階段，接續到下個動作——「高拉」。(圖6-7-2)

(圖6-7-2) 窄站姿單手抓舉「跳聳肩」示意圖。

高拉

高拉是手臂順勢向上拉的過程，必須在跳聳肩動作已經完成之後才可以進行，如此才能充分利用下肢的力量。這其實是一個向上「提」啞鈴的過程，動作初期手肘向上儘量抬高，在上肢活動度允許的範圍內越高越好。啞鈴在這個拉力的作用下持續向上飛行，直到啞鈴終於高於手肘高度時，向上「提」啞鈴的動作型態仍然不變，只是這次的最高點是手腕。以手腕為最高點的動作持續到手臂接近打直的時候，就可以接續最後一個階段 —— 接啞鈴。（圖6-7-3）

（圖6-7-3）窄站姿單手抓舉「高拉」示意圖。

接啞鈴

接啞鈴是「翻手腕」和「主動下蹲」動作同步發生的過程，其中，翻手腕是把提啞鈴的動作轉換成支撐啞鈴的姿勢，在此同時，下肢要從三關節伸展姿勢下沉轉換為高蹲姿。由於窄站姿單手抓舉的起跳姿勢是RDL姿勢，如果訓練者偏好的接啞鈴姿勢是比較寬的蹲姿，可以藉由這個瞬間迅速向外挪移腳步，然後以較寬的高蹲姿承接重量。如同前述爆發力動作的說明，挪移的腳步要盡量輕快簡潔，無需大動作縮腿跳起。

接住啞鈴後，上半身保持支撐姿勢，下半身穩穩地從高蹲姿站起，接著以單肩推逆轉的路徑將啞鈴收回肩膀高度，再向下回到初始的懸垂姿勢。如果有連續動作，也應該回到初始姿勢再重新啟動，不要在向下回到懸垂姿勢那一刻又隨即起跳進行下一個動作。單次訓練結束或是所有連續動作結束後，以單手硬舉下行的動作將啞鈴緩緩放回地面。（圖6-7-4）

（圖6-7-4）窄站姿單手抓舉「接啞鈴」示意圖。

跳箱訓練

跳箱訓練背後依循的系統是「增強式訓練」(Plyometric Training),係利用人體肌肉收縮的一種特殊又常見的模式:「伸展—收縮循環」(stretch-shortening cycle,SSC)。SSC是一種可以增加力量的機制,肌肉在收縮之前先拉長,然後再縮短,這樣的過程可以製造出比直接收縮還大的力量。舉例來說,垂直跳之前,人體都會自然先下蹲再起跳,下蹲時,下肢的許多肌群經歷了離心(伸展拉長)過程,後續的收縮過程會產生強大的力量。如果刻意避開離心過程與向心過程的連結,例如下蹲之後停留一段時間,或是下蹲之後原姿勢坐著,等待肌肉放鬆之後再起跳,都會發現力量遠比下蹲馬上起跳來得小,這是因爲下蹲後馬上起跳可以借用SSC的力量,而下蹲暫停或者是坐著「阻斷」了SSC,能夠產生的力量就小得多。跑步、投擲和踢打等動作都可以找得到SSC的作用,所以說,這是一個非常普遍的肌肉收縮模式。

伸展—收縮循環

SSC之所以會有增加力量的效果,科學上認爲背後有兩種機制在運作,一是機械性的機制,一是神經性的機制。「機械性」的機制來自於肌肉和肌腱等連續性組織的彈性位能,這種機制是將一條肌肉和肌腱視爲一個彈性的整體,很像一條彈力帶,彈力帶在休息狀態不會自動產生力量,但是當彈力帶被拉扯的時候,就會儲存彈性位能,蓄積了彈性位能後,一旦放手,彈力帶就會迅速而猛烈地彈回原來的長度,由肌肉和肌腱組成的連續彈性體,在離心過程也經歷了跟彈力帶被拉長一樣的過程,反跳的那一刻,彈性位能被釋放出來,此時肌肉也做了強力的收縮,這兩股力量如果可以同步發揮,等於讓彈性位能幫助了肌肉收縮,加起來變成更大的力量。

「神經性」的機制來自於本體感受器的回饋機制，肌肉中有一個本體感受器叫做「肌梭」(muscle spindle)，肌梭負責偵測肌肉的長度變化，肌肉突然被拉長的時候，肌梭會透過感覺神經傳送訊息到脊髓，中樞神經會反射性的透過運動神經回傳收縮的訊號，肌肉就會反射性地收縮，這個機制稱爲牽張反射，如果牽張反射的時機與肌肉主動收縮的時機同步，也會匯聚成較大的力量。雖然機械性和神經性的機制對於SSC的貢獻比例目前尚未明確，不過機制是確實存在的，而針對這些機制做訓練，也會提升運動表現。

增強式訓練就是以各種方式強化SSC的用力機制，過程中，因爲肌肉和肌腱受到刺激，可能會產生質與量的變化，使肌肉或肌腱的結構增強，剛性提高，這些都可能改變SSC的效率，使肌肉能夠產生更高的爆發力。

因爲SSC廣泛地存在人體動作之中，所以增強式訓練的種類繁多，跳箱就是一個簡單且有效的訓練方式。在討論技術之前，先來分析一下跳箱這項訓練的幾個特性和注意事項。

跳箱訓練注意事項

首先，要知道跳箱訓練的強度可以非常高，一個從高處落下再猛跳上另一個高度的增強式訓練，其破壞力可能超過高強度的肌力訓練，所以不要因爲跳箱是個「徒手」訓練，就以爲一定比重量訓練安全。許多訓練幼兒或青少年的教練認爲重量訓練很危險，因此會建議不要練重量訓練，取而代之的是大量使用跳箱訓練，尚未建立基礎肌力就進行爆發力訓練，通常會造成災難性的後果，應該要建立起基礎的肌力再開始做跳箱訓練。

理論上來說，只要是跳躍的動作，就可以作爲爆發力或增強式訓練的動作，跳箱主要的功能在於提供目標高度，以及提供落下的高度。所謂提供目標高度，指的是跳箱是一個清楚的標的物，是否成功跳上跳箱非常明顯，不會像空跳一樣不確定學員是否盡力。

值得注意的是，跳箱的高度其實是垂直跳高度和「收腿」高度綜合的結果，完成相同高度的人有可能是起跳時非常用力，也可能是收腿非常迅速，這兩種能力不盡相同。也因此有些人認爲，藉由迅速收腿所達到的高度是虛假的爆發力，只有眞正依賴用力起跳，才是眞的爆發力，跳上的高度進步時，訓練者無法確定是起跳進步還是收腳進步。我們對這個觀點抱持的看法並沒有那麼絕對，因爲垂直起跳固然是一種爆發力表現，但迅速收腿也是一種爆發力表現，而且當高度相對較高的時候，不可能單憑垂直跳或迅速收腿就可以跳上高箱，箱子夠高的時候，兩者都會練到。所以，只有在著眼於純粹垂直跳訓練時，應限制收腿的幅度，或是直接改用其他訓練方式（如跳躍摸高）來避免收腿的貢獻，其餘時候跳箱仍然是一個有效的爆發力訓練器材。

此外，跳箱訓練中，與強度有關的不是只有跳起來的高度，訓練者的體重也是強度的一部分，因此不同身高體重的學員一起訓練時，對每一位學員來說，即使箱子的高度都一樣，其所經歷的訓練刺激並不相同。舉例來說，同樣跳上60公分高的箱子，對於體重60公斤的學員，和對於體重110公斤的學員來說，強度是截然不同的，教練務必留意是否所有人都在安全的強度範圍內。

跳箱的高度可以作爲落地緩衝之用，落地是一個常被忽略的技術，許多人在跳躍訓練的初期就致力於用力的離開地球表面，但是地心引力畢竟是存在的，跳起來的東西最終還是要落回地面，此時如果以馬馬虎虎的態度落地，很可能會導致受傷。落地的姿勢固然要學習，基本上落地的路徑應該要像是一個四平八穩的徒手深蹲路徑，膝關節過度往前突出、膝關節內夾，左右姿勢不平衡或是駝背，都是應該要避免的落地姿勢錯誤。不過，即使是正確的落地姿勢，從跳起的高度落下仍然是一個不小的衝擊。每跳一次就要落地衝擊一次，跳一百次就要落地衝擊一百次，訓練量大的時候，落地衝擊累積的壓力可能會變成訓練中最難恢復的疲勞，也因此限制了可以訓練的跳躍總次數。這個時候，一個低跳箱可能就可以解決一大部分的問題，訓練者可以專注於起跳，但是落地時並不會直接重重地落回地面，而是落在一個箱子上，這個過程縮短了落地的距離，大幅減少衝擊，可能是訓練中必經的階段。從高處落地當然無須永遠避免，隨著肌力訓練的成效，以及跳箱訓練的適應，訓練者當然可以逐漸回到直接落地的狀態。事實上，增強式訓練最終的目的，是利用提高落地衝力的方式刺激肌肉以產生效果，只是在練到那一步之前，爲了避免訓練效果出現之前就產生運動傷害，漸進式的階段是必要之舉。

跳箱的高度也可作爲增加落地衝擊的工具，如前所述，增強式訓練最終會開始提高落地的高度，讓離心階段的衝力增加，考驗訓練者在強大壓力下「回彈」的能力。這種訓練的前提，是要先有好的肌力基礎，也要有好的落地姿勢，並經歷過循序漸進的落地訓練，才能練習從高處落下的增強式訓練。且如同跳上箱子時的強度，落下箱子的強度同樣是箱子高度和學員體重的綜合體。同樣從60公分高的箱子落下，60公斤的學員和110公斤的學員所經歷的衝擊是很不一樣的，教練務必要注意，學員經歷的落地衝擊是不是其目前的肌力水準和技術能夠負荷的，否則從高處落下的訓練，會變成非常危險的過程。

最後提醒，跳箱訓練只是整體訓練的一小部分，依照它高衝擊的特性，並不適合一年到頭大量訓練，也不適合在氣喘吁吁的情況下用來操體能，學員一定要具備基本的肌力基礎，才能夠開始循序漸進的嘗試跳箱訓練，這是一個看似簡單但非常容易犯錯的訓練方式，許多充滿熱血的訓練者不經意的就練出運動傷害，因此需要特別提醒。以下將介紹幾種跳箱訓練的形式，我們將跳箱訓練分爲幾個基本的階段，每個階段會按部就班建立一些能力，作爲下一階段的基礎，包括：坐跳走下、跳上走下、跳上跳下、落地反跳。這些階段可以視爲一個循序漸進的過程，不必第一次訓練就走完全程，待每個階段的訓練有一定的水準後，再進行下一個階段的訓練。

坐跳走下（圖6-8-1）

坐跳本身不是增強式訓練，而是靜態啟動的過程。坐姿阻斷了離心動作產生的增益效果，也由於板凳或跳箱的支撐力，讓肌肉無需爲了支撐體重而用力，所以是個比一般下蹲更加放鬆的姿勢。這種沒有利用牽張反射或是彈性位能的動作，純粹是起跳力量的基本訓練。坐跳訓練時需要兩個跳箱（或任何可靠的替代物品），相隔大約一大步，訓練者用徒手深蹲

（圖6-8-1）坐跳訓練示意圖。

3
4
5
6

7
8
9
10

11

12

13

14

1. 訓練時需要兩個跳箱（或任何可靠的替代物品），相隔大約一大步。
2. 訓練者用徒手深蹲的姿勢坐在第一個跳箱上，維持坐姿但可以做出擺臂的預備動作。
3. 準備妥當後奮力跳上另一個跳箱。
4. 在跳箱上站穩後走下跳箱。

的姿勢坐在第一個跳箱上，維持坐姿但可以做出擺臂的預備動作，準備妥當後奮力跳上另一個跳箱。重點是必須從坐姿起跳，許多初學坐跳的學員，會在擺臂的過程逐漸將重心轉換到雙腳，變成一個虛坐在箱上的半蹲姿，這樣會增加雙腳預備用力的機會，與坐跳的目的相違背。

一般來說，坐跳的高度會比先下蹲後起跳的反向動作跳還要低一些，這是因爲缺少了離心過程的增益效果，人體只能依靠靜態啟動的力量跳起。這樣的訓練可以讓學員學會儘速徵召肌肉，作爲後續練習增強式的基礎。第二個跳箱，一方面作爲跳躍的目標，訓練者應穩穩落在箱子的頂面，另一方面也幫助減低落地的衝擊。教練可以引導學員在跳上箱子的時候練習落地的姿勢，這個時候衝擊力較低，有足夠的安全性和餘裕調整姿勢。在箱上落地的姿勢應該與徒手深蹲類似，通常以腳尖或整個腳掌平面接觸箱子表面，此時要盡量練習緩衝，引導的要領是要學員盡量做到「落地無聲」，以最小撞擊的方式完成動作。

從跳箱上下來的姿勢，在這個階段使用「走下」的方式。這是因爲當訓練者站在第二個跳箱上的時候，其實已經具備了高度造成的位能，如果就此縱身一跳，落地時會產生不小的衝擊力道，這個力道可能比坐跳本身的刺激還強，爲了循序漸進，在這個階段採取走下的方式，更後面的階段會針對落地的姿勢訓練，等到落地姿勢和力量的掌控都有一定水準之後，才會有直接從高處落地的動作。如果跳上的箱子太高，不容易直接走下來，多放一個低跳箱在旁邊當成台階，可以提高訓練的安全。

跳上走下（圖6-8-2）

第二階段的訓練，可以採用跳上走下的方式，所謂的跳上，指的是從站姿經過下蹲隨即起跳的過程，也就是反向動作跳（counter movement jump）。反向動作跳的重點在於下蹲到適當高度之後立即反跳，通常是在高蹲姿到半蹲附近就起跳，接著落在前方的跳箱上，一樣用落地無聲的方式在箱上站穩。從跳箱上下來的方式與前一個階段同樣用走的下來，理由仍然是爲了減少落地的衝擊，留待後續的步驟再來強化。

(圖6-8-2)跳上走下示意圖。

45CM
5
45CM
6
45CM
7
45CM
8

1. 下蹲到適當高度之後立即反跳，通常是在高蹲姿到半蹲附近就起跳。
2. 落在前方的跳箱上，一樣用落地無聲的方式在箱上站穩。
3. 在箱上站穩後走下跳箱。

跳上跳下（圖6-8-3）

這個階段，跳上的方式與前一階段相同，採用反向動作跳的方式從地面跳起，主要的特性是開始練習從高處落下的姿勢。從高處落下時，應該要是一個緩衝的姿勢，原則上落地姿勢與前面的階段相同，都是以「落地無聲」爲原則。從箱子上落下地面的動作也是個重點，正常狀況下，訓練者從跳箱上落下的高度，應該就是跳箱的高度，但許多初學者會在箱子上用「起跳」的方式跳起，這往往「提高」了落地高度，使得落地的衝力變成不確定的變項，所以務必要避免自己增加額外高度。有兩種方式可以達成這樣的目標，第一種方法是用跨步的方式，一隻腳先留在原地，另一隻腳向前跨出箱子外，接著重心前移，開始往下落的時候後腳趕快跟上，讓雙腳同時落地。第二種方式是雙腳一起起跳，但是不要往上跳，儘量水平地往前跳，不要增加垂直高度。這兩種做法都可以，且通常只需要短暫的練習就可以熟練。

（圖6-8-3）跳上跳下示意圖。

5
6
7
8

1 跳上的方式與跳上走下相同，採用反向動作跳的方式從地面跳起。

2 跳下時，落下的高度，應該就是跳箱的高度，避免增加額外高度。

3 落地姿勢也是以「落地無聲」爲原則。

從箱上跳下會大幅增加落地的衝擊力道，此時「落地無聲」的技術受到眞正的考驗。初期如果覺得太過困難，可以降低使用的箱子高度，或是在箱子前方放置另一個低箱，以減少落地的高度。

落地反跳（圖6-8-4）

落地反跳是眞正的高強度增強式訓練階段，動作起始的位置在第一個箱子「上」，接著從箱子上往前落地，腳接觸地面後立即反跳到另一個箱子上。這樣的流程增加了離心過程的壓力，提高了SSC的強度，在反跳的過程激起更大的助力。落地反跳的落地方式與前面階段有所不同，前面幾個階段的落地方式，都是以提高落地穩定性、學習緩衝爲目標，這些能力具備之後，後續的訓練才有足夠的安全性。落地反跳是落地緩衝能力已經建立之後的階段，可以在足夠的安全性保護之下練習面對衝擊，並發揮反跳能力。所以，落地的要領不再是無聲，而是依照不同的訓練目標調整。

（圖6-8-4）落地反跳示意圖。

1 起始的位置在第一個箱子「上」。

2 從箱子上往前落地，腳接觸地面後立即反跳到另一個箱子上。

反跳的方式依其訓練目標，常見的模式是以最大反跳高度爲目標，做爲一種爆發力訓練，落地時下肢屈曲的幅度較大，待蓄積到足夠的力量再反跳；另一種常見的模式是以最短觸地時間爲目標，這是一種強化下肢剛性的訓練，落地時下肢屈曲的幅度要儘量小，並且快速的跳上下一個跳箱，通常這種模式躍起的高度較低，不過對運動場上連續多次反彈的動作有顯著的幫助。

以上的訓練流程當然不是唯一的方法，各個階段都可以依照需求和學員的狀況調整或混合，次序也可以反覆調動。比較需要注意的是，增強式訓練是爆發力訓練，可以達到的強度相當高，也非常容易過度訓練，因此訓練的強度和量的調節，務必要規劃保守且緩慢的進度，並且以是否可以有效恢復爲依歸來慢慢增加。高強度的增強式訓練一次的訓練量可以多到數十下，也可能少到十下以內，通常不會連續多日，而且有明顯的個別差異，教練規劃課程的時候務必要記得這些特性，才能夠設計出安全有效的訓練課程。

以上是跳箱的幾種基本訓練方式，跳箱是一個高強度高技術的項目，可以用來提升爆發力，不應因爲是徒手訓練就等閒視之，在安排跳箱訓練的時候需額外注意，如果訓練的對象是競技運動員，可能要先詢問是否在運動專項訓練當中已經有大量跳躍動作，若答案爲是，此時如果在肌力及體能訓練課程中再加入跳箱項目，可能會造成過度訓練。事實上，因爲跳箱訓練屬於爆發力訓練，所以建議是在不疲勞的狀態下少量爲之，雖然實際訓練量仍然是看訓練者的需求和條件決定，但一次訓練只做20~30跳，且一週只訓練兩次的情況並不少見，上百跳甚至數百跳的訓練方式很可能會耗盡訓練者的可訓練量。

PART 5

核心補強動作與能量系統訓練

核心補強動作概述

核心補強動作

核心訓練是一個充滿迷思的領域，我們先從核心的定義開始探討。所謂的核心訓練，指的未必是大家所熟悉的腹肌訓練，英文裡的core exercise（核心運動）其實被用在不止一個地方，坊間健身房和一般健身者常用這個詞來代表針對腹肌的訓練，但是也有教科書將這個詞用來代表一張課表裡「居核心地位」的訓練動作，像是深蹲、硬舉等就常被稱爲core exercise。中文將core翻作核心，雖然並無助於區隔上述兩種使用這個詞的方式，但是一般來說，會稱作核心訓練的，通常指的是關於軀幹中段部位的肌力訓練，至於居核心地位的訓練動作，則通常稱爲主訓練項目，因此在本書中，核心訓練這個詞並不用來描述主項目。

釐淸了名詞之後，讓我們進一步探討核心訓練的目的。雖然在瘦身風潮流行下，許多人認爲核心訓練就是練出腹肌線條的訓練，但是實際上，針對腹肌線條的訓練，對於提升核心功能的幫助相當有限。一般大衆津津樂道的，線條分明的八塊腹肌，其實只是整個核心結構最表層的肌肉，實際上整個核心結構包含了所有的腹背肌群，以及橫膈膜以下至骨盆底的整個結構，所以用比較完整的角度來看，核心應該稱爲「腰臀骨盆系統」。而這個腰臀骨盆系統在人體自然動作當中所扮演的角色，是提供穩定性並且傳遞力量，提供穩定性的目的，是在外力來襲時保護脊椎；而傳遞力量的目的，則是在自身發出巨大力量時，協助將下肢產生的力量傳遞到上肢，這裡面當然也牽涉到呼吸法，關於這部分可以參考前面的章節。

核心肌力的特性

既然核心的結構是腰臀骨盆系統，且核心的功能是提供穩定性和傳遞力量，從這樣的角度來推論，核心肌力有兩個特性。第一是在各個方向都能穩住自己的能力，第二是在外力來襲時不加思索立即反應的能力。實務上的經驗發現，符合兩個基本條件，就可以製造出有效的核心抗動訓練，第一個條件是要「從各種方向施予外力來挑戰中軸穩定性」，第二個條件是要「用擾動來激發反應式的核心肌力」，關於這兩點分述如下：

所謂的從各種方向用外力挑戰中軸穩定性，是針對核心抗動的「方向性」進行的訓練。人在運動場上或是日常生活中，核心遭逢的外力可能來自四面八方，自身動作導致的姿勢失衡也可能倒向任何方向，因此核心穩定性需要對抗的方向並不是單一的，而是多元的。依照脊椎可能被壓迫的方向，核心抗動的方向可以歸類爲「抗扭轉」、「抗伸展」、「抗彎曲」和「抗側彎」，這些抗動能力指的是當外力可能導致脊椎產生過度扭轉、過度伸展、過度彎曲和過度側彎時，核心肌群可以有相對應的力量去抵抗這個扭轉的動作，讓可以保護脊椎在安全的動作幅度範圍裡。

可能造成過度扭轉的情境如急轉彎、負重轉身、用力投擲、揮拳或踢擊，這些動作如果用力過猛，可能會發生俗稱「閃到腰」的感覺，核心肌群若具有抗扭轉的能力，可以讓上述動作在脊椎穩定的過程中進行，避免發生過度扭轉的情形。過度伸展的情形，如肩推或過頭蹲等高舉雙手的動作中，經常出現挺腰過頭的動作，或是伏地挺身時，有些人的腰椎會無法保持在中立位置，變成腰部過度向地面靠近的伏地挺身姿勢。過度伸展的脊椎其實跟駝背一樣不好，椎間盤和脊椎骨一樣會有不當的擠壓，應該要避免，抗伸展能力就是在避免產生過度伸展。脊椎彎曲其實就是所謂的駝背，人體的上背和下背各自可能以不同的方式駝背，一般認爲下背的駝背風險較高，不過在訓練上通常建議兩個都要避免。駝背通常來自於由上往下的重物壓力，深蹲、硬舉和負重行走時使用的重物，通常就可能造成會導致彎曲的力量，抗彎曲的能力，其實就是在垂直壓力下避免脊椎被壓彎的能力。脊椎側彎在這裡指的不是醫療上的病症，而是脊椎在負重過程中被往側向拉彎的現象，單手提重物、摔倒或遭逢側面的撞擊力等，都可能產生脊椎因爲外力而側彎的現象，脊椎抗側彎的能力就是在避免這樣的現象發生。

反應式的核心肌力，指的是核心的力量發揮功能時，必須是不加思索、不經思考就直接發生的。由於外力來襲或姿勢失衡，經常不是可預見的事情，如果核心肌群只在能預先準備的情境用力，保護脊椎的功效勢必減少，因此，訓練時應該要將肌肉用力的「反應能力」一併考慮進去。要如何提升反應式的肌力呢？一種有效的做法是在核心對抗外力的時候也同時製造一個擾動，讓外力的影響忽大忽小，或是不斷在某個範圍內變動強度或方向，如此一來，核心肌群對抗外力時所產生的肌力，也就要相對應地跟著忽大忽小，這種感知外力並且立即做出相對應調整的能力，就讓核心肌力變成一種反應式的肌力。

從以上兩個要點來看，核心抗動訓練需同時符合「多方向抗動」和「反應式肌力」的兩大要件，具體的做法可用以下例子來說明：

「抗扭轉」可以使用彈力帶做「腹前推」來進行訓練，所謂的彈力帶腹前推，是將彈力帶的一端先固定在穩固的東西（如蹲舉架）上，接著雙手伸直握住彈力帶的另一端，讓彈力帶的拉力方向與手臂垂直並拉緊，此時彈力帶的拉力對於核心肌群來說，是一個旋轉方向的拉力，彈力帶繃得越緊，導致核心旋轉的拉力就越大，核心就必須越用力「抗扭轉」。抗扭轉的力量形成，接下來就是製造擾動，製造擾動的方式也很簡單，訓練者只要反覆將彈力帶的一端拉近自己的腹部前方，然後再推出去，如此週而復始地進行推拉動作。這樣的用意是不斷改變彈力繩製造的扭轉力量力矩大小，手臂伸直的時候力臂長，扭轉力大，手臂收回腹前時力臂短，扭轉力小，因此在整個動作過程中，軀幹保持不動，核心肌群持續提供抗動的力量，但是因為製造扭轉的外力忽大忽小，核心肌群抗動力也要相對應地忽大忽小。討論到此你應該已經發現，核心訓練的過程，核心並不產生動作，產生動作的是身體其他的部位，而這正是核心抗動訓練的重要特性。（圖7-0-1）

（圖7-0-1）核心抗扭轉動作範例：彈力帶腹前推。

1 彈力帶的一端先固定在穩固的東西（如蹲舉架）上，接著雙手伸直握住彈力帶的另一端，讓彈力帶的拉力方向與手臂垂直並拉緊。

2 反覆將彈力帶的一端拉近自己的腹部前方，然後再推出去，如此週而復始地進行推拉動作。

一般肌力訓練動作，例如單手屈體划船、單手RDL，單手臥推等，如果恰好符合了所需的方向，其實也會有核心抗扭轉的效果。

「抗伸展」可以使用一個常見的動作來進行訓練，就是腹肌滾輪。如果沒有專用的滾輪，一支裝上槓片的槓鈴也可以當作替代品。對大多數的訓練者來說，屈膝版本的腹肌滾輪已經可以提供充分的刺激。動作初期，訓練者先在槓鈴前呈跪姿，雙手握槓於略寬於肩膀的位置，接著在保持中軸穩定的前提下，將槓鈴向前推出，直到雙手推到最遠端，且髖關節完全打直爲止，接著再循原路拉回來。這個動作的過程，脊椎同樣是在核心肌群的保護下全程保持中立，核心肌群要不斷避免發生過度伸展的動作，而肩關節和髖關節的動作，造成這個導致過度伸展的力量在推出去的過程由小變大，在拉回來的過程由大變小，如此滿足了核心抗動和製造擾動的條件。值得注意的是，腹肌滾輪對肩關節的挑戰性也很高，肩關節所能承受的力量甚至可能變成表現限制因素，如果學員因爲肩關節無法承受而無法完成動作，可以改在抗力球或是滑板上進行此動作，抗力球和滑板有足夠的面積讓學員用手肘和前臂支撐身體，肩膀的負荷比起推滾輪來說要輕鬆不少。（圖7-0-2）

有種進階版的抗伸展稱爲「攪拌式」，英文叫做「stir the pot」，就好像在一個大湯鍋裡用長勺子攪拌鍋裡的東西。攪拌式的動作結構，是一個支撐在抗力球上的棒式支撐動作（plank），但是這個棒式支撐並不是靜止的，支撐在抗力球上的前臂和手肘不斷的做「攪拌」動作，讓核心肌群不斷抵抗任何方向的擾動，通常以持續攪拌一段時間爲訓練方式，可以訓練核心抗動的耐力，如果攪拌的幅度大到一個程度，其實也會有一些抗扭轉的功效。

以上都是一般肌力訓練以外的補強動作，其實除了這些刻意增加的核心抗伸展動作之外，肌力訓練中的肩推，以及徒手訓練中的伏地挺身，本身都已經有一些抗伸展的功效。

「抗彎曲」的動作其實通常無需另外設計，深蹲、硬舉、RDL、早安運動等，都已經「內建」了抗彎曲的功能。身體負重前傾時，脊椎受到向前的強大壓力或拉力，會逐漸產生傾向彎曲的趨勢，此時核心肌群配合呼吸法，可以將脊椎鞏固在中立姿勢，避免產生彎曲。而持續屈伸的下肢三關節（髖關節、膝關節、踝關節）則是製造擾動的來源。這種訓練強度非常高，補強動作通常很難模擬出相同等級的刺激，如果平常就有規律進行深蹲硬舉系列動作的訓練，這個方向的核心訓練通常無需特別補強。

「抗側彎」可以用單邊負重行走的方式來訓練。做單邊負重行走時，一隻手提著重物，這個重物會產生可以造成脊椎側彎的拉力，此時核心肌群要配合呼吸法，想盡辦法避免側彎。同時，不斷向前行走的動作製造了擾動，在兩腳之間不斷轉換重心的過程，讓側彎的力

（圖7-0-2）核心抗伸展動作範例：腹肌滾輪。

在槓鈴前呈跪姿，雙手握槓於略寬於肩膀的位置，接著在保持中軸穩定的前提下，將槓鈴向前推出，直到雙手推到最遠端，且髖關節完全打直為止，接著再循原路拉回來。

量忽大忽小，製造了核心肌群因應外力變化時的反應能力。單邊負重行走是重要的訓練項目，鮮少有動作可以製造比大重量單邊負重行走更高的抗側彎壓力。一般肌力訓練中的一些單邊動作如單肩推等，其實也有核心抗側彎的效果。

討論到這裡，其實應該就可以明白，為什麼許多針對腹肌線條的「核心訓練」方式，其實可能不僅無益，甚至有害，仰臥起坐就是一個顯著的例子。仰臥起坐的動作，核心肌群並不是用來抵抗動作，而是製造動作，且動作過程中脊椎骨會不斷的屈伸，這樣的動作不僅無助於提升抵抗動作的能力，大量訓練後甚至可能導致脊椎傷害。這種無論在功能性或安全性方面都有疑慮的動作，已經不建議出現在現在的訓練課表中。

CHAPTER 8

能量系統訓練概述

能量系統訓練

能量系統訓練背後牽涉到稍微複雜一點的生理學，有興趣的讀者可以查閱運動生理學教科書，會有更深入的講解，不過，如果只是實務應用上的需要，我們可以從以下簡單的敘述來理解就好。

三種能量系統：ATP-CP系統、乳酸系統、有氧系統

人體的能量系統在從事運動的時候，肌肉會消耗ATP（adenosine triphosphate，腺嘌呤核苷三磷酸）。所謂的ATP，不妨把它比喻爲能量貨幣，也就是像錢一樣，我們如果要購買東西，需要使用金錢；如果要肌肉收縮幫我們產生動作，需要使用ATP。人體的肌肉有立即可用的ATP，就像人的口袋裡可能帶著一點錢，可以供立即的使用，但是通常不會帶太多。肌肉裡立即可用的ATP數量很少，只能供給肌肉收縮短短幾秒的時間，如果運動還在持續，身體就必須釋放出其他能量來補充，這就好像是口袋裡的錢花完了，就要回家拿、去提款機或是去銀行提領。身體可以補充ATP的來源有三個，也就是三種能量系統，第一是ATP-CP系統（又稱爲磷酸原系統，或磷化物系統），第二是乳酸系統（又稱爲快速醣解系統），第三是有氧系統。這三種能量系統隨時隨地都持續工作，可以使用還原或產生的方式，讓ATP的供給可以持續，這三種能量系統也不會隨便停擺，所以任何時候都是三者「一起」提供能量，只不過在不同的運動強度區裡，三者的貢獻大小並不相同。

乍聽之下，一切好像很完美，身體有這麼多能量系統可以持續提供能量，那豈不是人人都有用不完的體力？事實上我們都知道不是這樣的。在無訓練的情況下，如果急速用力，人會覺得氣喘吁吁；衝刺數十公尺之後，人會開始覺得沒有力氣，無法維持原本的高速度；一口氣爬好幾層樓的樓梯之後，人可能會感到身體痠軟無力，但是如果放輕鬆慢慢走，人可以行走數個小時也未必感到疲累。這樣的現象都在提醒我們，能量系統並不是隨心所欲的。能量系統的功能似乎有某種時間和強度上的限制，了解這樣的功能和限制，正是我們可以設計出好的訓練法，以突破體能限制的重要依據。

讓我們先來談一談限制，前述的三種系統，有著不同的特長與限制。先前說過，三種能量系統都持續一起工作，但是，在不同的運動強度（亦即不同的激烈程度）時，三種能量系統的貢獻度不同。ATP-CP系統提供能量的速率最高，可以支持最激烈的運動，所以在最激烈、強度最高的運動，這個系統的貢獻最大，但可惜的是它只能維持大約10秒鐘以內，10

秒鐘過後，這個能量系統就會暫時力竭，需要休息一段時間才能夠再度提供能量，這時候如果運動還在持續，提供能量的工作就必須由其他的能量系統來增加貢獻。

乳酸系統是產能效率第二高的能量系統，當ATP-CP系統急速工作，達到10秒鐘以後進入暫時性的力竭，但運動卻還在持續進行著，這個時候乳酸系統的貢獻度就必須開始提高，只不過，它提供能量的效率比ATP-CP系統稍微低一些，所以能夠支持的運動強度也略低一點（但仍然屬於頗高的強度）。乳酸系統主要的貢獻，是大量提供能量達60秒左右，或者我們應該說，在持續時間長達60秒的最激烈運動裡，三個能量系統裡，乳酸系統的貢獻度應該是最高的（輕鬆散步60秒不算，要很用力，很拚的運動才算）。乳酸在肌肉中被製造出來時同時發生的酸痛感，有些人將之形容爲燒灼感，這種感受會讓不習慣的人感到極度不適，無法繼續用力，過去人們認爲這是乳酸造成的，因此曾經把乳酸視爲致疲勞物質，不過目前的資訊顯示，這是因爲劇烈運動當下產生大量的氫離子，導致pH值下降所致。但就像前一個系統，乳酸系統也不是無上限的，如果我們以高強度的方式運動達60秒以上，就必須休息或至少降低運動強度，否則就會再一次面臨力竭。這時候，如果運動仍然沒有結束，有氧能量系統的貢獻度就會漸漸增加，只不過，有氧能量系統的產量雖大，但是速率更低。一旦走到這一步，人已經沒有辦法用很高的速度，或是用很大的力量繼續運動，這時候人只能慢慢的跑，或是對抗輕的重量，不過可以持續運動很久。

所以我們可以知道幾件事，首先，能量系統可以維持的「運動強度」和「運動時間」是成反比的。速度很快、力量很大的運動方式屬於高強度運動，高強度運動可以維持的時間很短，例如一百公尺衝刺，可以跑得很快，但是無法用這種速度持續跑完一千公尺；速度比較慢、用力比較小的運動方式屬於低強度運動，低強度運動可以維持的時間比較長，如果慢慢的跑，人可以連續跑步數個小時，如果用走的，健康成人都可以走個大半天不用停。其次，我們知道能量系統是可以恢復的，一次非常高強度的運動結束之後，如果大幅消耗ATP-CP系統，大約需要2-8分鐘的時間才能充分恢復過來；次高強度的運動如果大幅消耗乳酸系統，也需要約5分鐘才能夠大致恢復；有氧系統則因爲供給能量的效率比較低，比較沒有時間方面的限制，人可以用低強度持續運動很久（能量系統的恢復時間受到運動型態、先前運動的劇烈程度，以及營養和能源狀態有關，因此恢復所需的時間往往不很固定）。

簡單介紹過能量系統訓練的生理學機制之後，我們來探討一下能量系統在應用方面的一些知識。首先，能量系統與肌力是密不可分的，運動教練常見的一個迷思就是，運動員的體力不好，就需要操體能，但這樣的判斷未必正確，事實上往往的是錯的，因爲除非運動員的肌力已經非常強大，否則體力不好這件事，很可能是跟肌力有關。前面章節提到過的一個觀念是「儲備力量」，儲備力量的意思是，人體的最大肌力與任務肌力需求的比較，當任務的肌力需求大致不變時，人體的最大肌力越大，任務執行起來越輕鬆，也就可以承受多次的高反覆，從外在表現看來，就是「耐力很好」的意思。如果人體的肌力很弱，面對相同的任務時，連做一下子都感到吃力，就無法承受高反覆的任務，因此從外在表現來看，這就是「耐力不好」的意思。而肌力是相對容易提升的身體素質，循序漸進地增加重量，度過初學者蜜月期，往往可以達到肌力大幅提升的效果，所以如果忽略了先提升肌力，再考慮能量系統，等於是忽略了訓練中「最低的果實」，是很可惜的事。

肌力訓練對於能量系統訓練的另一個意義，在於肌力訓練也是運動傷害的重要防線，雖然前面的章節就提過這個觀念，不過在能量系統訓練的部分仍然有必要特別強調。能量系統訓練的過程中，必然經歷高反覆高耗損的過程，這樣的過程其實是訓練中風險相對較高的部分，因此除了需要妥善安排能量系統訓練的模式外，預先提升肌力水準，讓身體對高衝擊的訓練過程有足夠的抵抗力，其實是有其必要的。這裡所謂的高衝擊，不要想像成拳打腳踢，拳打腳踢當然是高衝擊，但即使是用跑步來訓練體能，每次腳步接觸地面的衝擊其實也不小，提前練好基本的肌力水準，有助於在這個過程中保護人體，避免出現疲勞性的損傷。

其次，能量系統訓練具有高度的專項特殊性（specificity），所謂的專項特殊性，就是能量系統功能的效率高低，跟人體當時所做的動作、所動用的肌群和所使用的節奏有很大的關係。所以，許多運動教練都有個共同經驗，即使選手在操場跑步的表現已經大幅進步，但是球場上的體能表現仍然不盡理想。面對這樣的問題，很多教練的做法是「體力不好，就繼續跑」，結果往往在場上的表現不見起色，卻因爲跑太多而導致受傷。這當然不是說跑步不能練體能，而是說每一種體能訓練方式只有階段性的功能，當非專項的階段性效果已經飽和之後，想要體能更好，需要用更具備專項特殊性的方式來訓練。而專項特殊性，簡單來講，就是選擇安全的專項動作模式，以角力來說，可以用摔假人的方式練體能；以跆拳道來說，可以用練踢靶的方式練體能；以拳擊來說，可以用打沙包的方式練體能，球類項目可以用一些特定的球技來練體能；總而言之，只要是選手能安全且努力操作的，都可以成爲體能訓練的選項。如此一來，能量系統進步的過程中，身體會非常適應將來使用體能的方式。

隨著人們對運動科學的理解越來越深，傳統上常見的「慢跑練體能」觀念也越來越受到挑戰，我們可以先探討一下這種方式的優點和特性，再來探討它的局限。相較於後空翻、後旋踢和變化球，慢跑是一個相對簡單的動作，雖然近代的「跑姿教練」可能會對跑步姿勢有非常嚴格的要求，但是就最基本的層次來說，跑步動作的學習曲線相對較短，運動員可以較快上手，簡單教學之後就可以讓人跑得氣喘吁吁，也因此常被用來訓練體能。跑步對於心肺的訓練效果是非常顯著的，對於不曾訓練體能的人，幾週的慢跑就可以大幅提高心肺功能，對於健康和運動表現都有顯著的幫助。

不過除非是長跑選手，大量使用長距離耐力跑當作練體能的手段效果，會逐漸出現局限性，在大幅依賴爆發力的運動項目上尤其明顯。這個局限主要發生在幾個層次，包括肌纖維、能量系統以及阻力適應等方面。在肌纖維的層次，長距離耐力跑依賴的是慢縮肌纖維，但爆發力動作依賴的是快縮肌纖維，長距離耐力跑的訓練會讓慢縮肌纖維得到高度的發揮，但是快縮肌纖維會逐漸背離其原本高速度高力量的特性，轉而模仿慢縮肌纖維發展耐力，如此一來，快縮肌纖維的耐力變好，但是爆發力可能反而下降，一旦爆發力下降，在球場上追趕跑跳，或是在擂台上拳打腳踢的速度可能都會變慢，影響運動表現。

其次是能量系統的問題，前面已經提到，要提供肌肉源源不絕的ATP，我們需要三大能量系統的支持。高強度區我們依賴磷化物系統和乳酸系統的貢獻；低強度區我們依賴有氧系統的貢獻，長距離耐力跑因爲持續的時間很長，所以主要著重在低強度區，但是無論一場球的時間多長，球場上的關鍵動作型態往往十分迅速，例如衝刺、跳躍、急停和轉向等，這些其實都依賴高強度的能量系統，因此可以說，長距離耐力跑的訓練只照顧了低強度區的需求，高強度區仍然有待加強。這也就是爲什麼許多運動員的長跑體能越來越好，競賽體能卻沒有同步上升的原因，不是因爲長跑無效，而是長跑的效果集中在低強度耐力，高強度的範圍仍然需要額外訓練。

最後，耐力跑其實是低阻力的能量系統訓練，所謂的低阻力，指的是在使用長距離耐力跑當作能量系統訓練的過程，身體對抗的阻力是相對較輕的，但是運動場上或是現實生活中，能量系統遭逢挑戰時，通常也面對著某種阻力。前面提到過，能量系統具有高度的專項特殊性，如果能量系統訓練的過程中以無阻力的方式進行，當身體面對有阻力的體能挑戰時，很可能會感覺無法適應。過往許多人認爲跑步是體能好壞的黃金指標，跑步好表示體能很好，但現在我們知道，體能表現非常多元，跑步其實是一個特殊的專項，是能量系統發揮的諸多形式之一，還有許多其他運動形式可以評估一個人的體能好壞。

基於這樣的知識，我們能怎樣設計出有效的能量系統訓練課表呢？在這一點上，我們要面對的問題是，日常生活的體能付出或是運動項目的體力負荷，都是混合能量系統的表現，因此我們需要經歷一段抽絲剝繭的過程，去釐清什麼是重要的。

所有運動項目以及日常活動，都可以依據學理用「需求分析」的方式進行能量系統分析，我們且用格鬥爲例。假設某一種格鬥賽制是五分鐘三回合的比賽，回合間休息一分鐘，這種比賽需要的能量系統爲何？乍看之下，長達五分鐘的運動時間，應該必然屬於有氧的範圍，因爲ATP-CP系統和乳酸系統都無法獨立支撐那麼長的時間，況且比賽還有三回合，因此，許多人的第一印象認爲，訓練有氧系統應該是比較合理的方式。但是，我們如果再更進一步分析格鬥運動實際的動作，會發現情況沒有那麼單純。拳打腳踢屬於爆發力動作，ATP-CP系統是支持爆發力動作最主要的能量系統；而多次的拳打腳踢會將持續動作時間延長到乳酸系統的範圍，摔技、擒抱和扭打，都會進入持續用力僵持的狀況，這時就是乳酸系統的天下。此外，無論是拳打腳踢或是擒抱扭鬥，都不是「等速而持續」的過程，而是一波又一波的高強度動作，一波又一波的高強度動作之間會有短暫的喘息時間，這些喘息時間就是恢復能量系統的最佳時機。而能量系統的恢復大量依賴了有氧系統，各回合之間也有一分鐘的休息時間，此時要能夠快速恢復體力，依賴的也是有氧系統。所以，整體看來，整個比賽是三種能量系統不斷交叉出現的工作型態，沒有一種能量系統可以獨撐大局。因爲ATP-CP系統和乳酸系統的強度夠高但持續時間不夠長，有氧系統的持續時間夠長但強度不夠高，這樣的現實讓訓練的選擇變得有點複雜。

運動當中，人體的能量系統到底如何運作，到現在都還只是用估計的，忽快忽慢的運動情境裡，一下子用最大肌力，一下子用爆發力，一下子又緩和下來，不是我們對於能量系統的知識不夠，是眞實世界的複雜度實在太高。面對這種複雜情形，到底該如何訓練，有很多不同的做法，不過，其中有一個簡單又有效的原則，就是「先分後合」的原則。

「先分後合」的意思是，雖然比賽場上需要多種能量系統，但是先不要急著把這些能量系統混合起來練。這背後的邏輯是這樣的，如果我們一開始就用比賽這種忽快忽慢的方式來訓練，可能比較不容易達到效果，因爲如果把理想上的比賽節奏拿來練習，裡面包含了多次短暫的高強度訓練，但運動員可能無法一開始就跟上節奏。先前也提過，如果跟不上節奏，人體會自動轉換到「強度較低」的運動方式，這樣一來，除了一開始體力還很充沛的時候，可能有少數幾次眞的是高強度訓練，其後的大段時間裡，都會由於缺乏恢復的時間，變成低強度訓練，整體看來，高強度訓練的比重仍然偏低。而能量系統訓練，就跟肌力訓練一樣，肌力訓練是在自然動作上加壓力，能量系統訓練是在每一個能量系統上加壓力。能量系統有這種互相支援、互相協助的特性，如果抓不準訓練強度，就會讓主要的能量系統在無形之中轉換，雖然一樣練了一身疲累，卻沒有打到重點。爲了避免這種訓練強度變低的現象，我們必須實行「運動休息比」的觀念。

運動休息比

運動休息比，大家應該已經不陌生，就是能量系統訓練的節奏感。假設我們以ATP-CP系統來看，最高運動時間大約是10秒鐘，而完全恢復時間大約是2-8分鐘（越疲累的時候需要的恢復時間越長）。所以，如果我們希望一次訓練可以盡量純粹地訓練這個能量系統，最簡單的方式就是每做一個10秒鐘的最大努力（跑、跳、揮拳、重量訓練），就休息2分鐘，接著再重複一次10秒鐘，再休息2分鐘，依此要領，反覆很多次。反覆次數依照項目不同而有所差異，但通常這類訓練會達10次以上（這2分鐘的休息時間是相當充分的休息，實務上有時候可以降低到30-60秒，人體的能量系統恢復有先快後慢的趨勢，所以兩分鐘的休息，前30秒會達到大部份的恢復，後續才慢慢恢復剩餘的小部分）。

如果是針對乳酸系統，也可以依循這種方式來訓練，我們可以讓運動員在60秒以內盡全力運動，劇烈的60秒之後，可以休息3-5分鐘，讓運動員從疲勞中恢復。這60秒內的劇烈運動達到的平均強度，會比ATP-CP系統訓練的10秒鐘來得低（因為強度與時間的反比關係），但是，仍然是非常疲累的訓練。這樣的訓練可以讓乳酸系統產生能量的能力不斷被挑戰，每次挑戰之間有足夠的恢復時間，可以讓能量系統大量恢復，然後再挑戰一次，經過多個回合（例如：8-12回合）的訓練後，這個能量系統已經大量受到刺激，身體會開始積極適應。

這並非唯一的訓練方式，使用「更短的運動時間」配合「更短的休息時間」的訓練，也可以刺激乳酸系統，通過訓練，讓人可以在無氧運動的不舒適感下持續用出很大的力量。這種訓練的操作方式，是利用較短的乳酸系統運動時間，配合不完全的恢復時間，例如做30-45秒的高強度運動，再配合60-90秒的恢復時間，人會在已經製造大量乳酸的情況下進行多次高強度運動，因此鍛鍊了人體在乳酸的不適感之下運動的能力。

至於有氧能力該如何訓練呢？我們首先要了解到一件事，就是大多數運動項目的有氧訓練方法，跟長跑選手的有氧訓練方法不同，所以，除了長距離耐力選手以外，又慢又長的耐力跑不是一個好的選擇。又慢又長的耐力跑雖然屬於有氧運動，但是大致上是以相對穩定、變化不大的速度運動，跟大多數項目的比賽節奏很不一樣。以格鬥來說，一下踢打，一下摔技，一下寢技，幾乎沒有任何等速運動的機會，就算是大家心目中需要打很久的網球賽，整場下來也幾乎沒有持續同方向的定速動作。其次，又慢又長的耐力訓練主要依賴人體的慢縮肌纖維，但是大部分需要爆發力的項目都需要快縮肌纖維，而非慢縮肌纖維，如果大量慢跑，會讓慢縮肌纖維得到訓練，快縮肌纖維逐漸因為少用而退步，對於爆發力項目來說是明顯不利的。因此，能夠跑很長的距離、很長的時間，對於爆發力運動項目如格鬥等，是很不利的訓練方式。那我們該如何既鍛鍊有氧能力，又增進爆發能力，以適應比賽的需求呢？

可行的做法有幾種，第一種方法，是使用高強度有氧間歇訓練，運動時間約3-5分鐘，比起常見的耐力跑要動輒持續30-40分鐘要短得多，休息時間略少於運動時間，這樣的方式跑起來快得多，比較不會影響快縮肌纖維的發展，同時又能刺激有氧能力。值得一提的是，這種有氧訓練其實頗爲無氧，三分鐘的努力運動時間裡，前面的一分半至兩分鐘都大量依賴無氧系統來產生能量，直到無氧能力無法負荷，才迫使有氧系統以高強度的方式，幫助支持運動所需要的能量。第二種方式，是利用重量訓練間歇的方式來訓練有氧系統，這種課程的設計方式，是以多種重量訓練動作（例如：深蹲、臥推、划船、高拉、上推等等）爲訓練項目，每個動作實施多次（例如10-20次），連續或不連續地輪換動作，讓運動總時間超過三分鐘，中間接著一到三分鐘的休息時間，再從事下一回合。這種訓練方法的好處，是可以在鍛鍊有氧能力的時候，使用相對於跑步更重的阻力，來鍛鍊比賽所需的肌耐力，同時因爲一直輪換動作，肌群可以輪休。第三種方式，嚴格說起來不算是訓練方式，比較像是實務上的巧合。實務上有些人認爲，在乳酸系統的間歇訓練，我們經常觀察到一個現象，就是訓練中的心跳率大約爲180或更高，組間休息時的心跳率約會從180下降至130，這個心跳下降的區間，其實整個過程都屬於有氧訓練的強度。所以，對於以無氧爲主的爆發力項目而言，很可能不需要單獨訓練有氧能力，只需要專注在無氧訓練，有氧恢復能力就可以在間歇恢復的時候順便訓練。

不過，基於一些原因，實務上我們經常還是會把有氧間歇訓練保存在訓練課程裡，原因是因爲ATP-CP系統以及乳酸系統的間歇訓練強度都非常高，這樣的訓練強度可能不適合一開始訓練就接觸。如果一開始就這樣訓練，可能會出現頭暈目眩、噁心想吐的症狀，而相較於ATP-CP系統和乳酸系統，有氧間歇訓練的強度其實較低，比較容易上手，所以可以當成基礎訓練，讓運動員有足夠的基礎能力之後，再進入無氧的ATP-CP系統和乳酸系統訓練。這裡必須強調，這是爲了讓無運動者的身體先適應運動狀態，而最容易上手的運動是有氧運動，有氧體能可以增加運動者日後的可訓練度，但是不表示有氧體能越練越好，無氧體能就會自然變好，也不表示一定要按照這個順序進行。最後，如果是著眼於最基本的，維持健康所需的心肺功能，其實規律的肌力訓練本身，就已經帶來充分的效果。

以長練短VS.以短練長

長期以來，一直有兩種不同的思維在影響著體能訓練的方式，一種是「以長練短」，另一種是「以短練長」。所謂的以長練短，是用比比賽還要長的時間來訓練，例如：如果比賽是以「五分鐘」三回合的方式實施，則訓練的時候可以用「十分鐘」三回合來訓練。這種訓練方式背後的邏輯是，如果運動員的體能足以撐完十分鐘，實際上場又只需要撐完五分鐘，運動員應該會覺得五分鐘很輕鬆，因爲平常已經習慣十分鐘了。這樣的邏輯看似合理，實際上卻忽略了一件事，就是單純延長時間還不夠，如果延長時間卻無法維持一樣高的強度，延長的時間效果其實不大，長期下來甚至會變成有害的。換句話說，如果延長時間的代價是強度變低，則會得不償失。實務上我們也知道，強度和長度有一個概略的反比關係，長度越長，強度就會越低，尤其是在最大努力的情況下更是如此，無論運動員的水準是高還是低，如果眞的是最大努力的話，十分鐘最大努力所達到的運動強度，會低於五分鐘最大努力所達到的最大強度。所以，延長時間的訓練方式，等於降低了訓練強度。把訓練時間延長到比賽不需要的長度，又被迫練到比比賽強度還要低的強度，等於讓運動員更加不適應上場之後的高強度刺激。

另一種思維是以短練長，例如：如果比賽的時間爲五分鐘三回合，訓練的時候就以兩分鐘三回合爲之。這種思維以往經常招致批評，因爲許多人認爲，這樣的訓練方式等於偷懶，運動員平常習慣兩分鐘的訓練，上場後要如何面對五分鐘的比賽？不過，雖然這種方法也不完美，但是至少比「以長練短」的方式有效得多，因爲在最大努力的前提下，又根據運動長度和強度的反比關係，運動員在較短時間的訓練裡所達到的運動強度其實是比較高的，如果可以適應這種比較高的運動強度，上場以後就能面對比較低的運動強度。

美中不足的一點是，以短練長的方式並未對任何一個特定的能量系統加以強化，單純只是將比賽時間縮短而已，如果我們希望訓練可以顧及最高強度（ATP-CP系統）、次高強度（乳酸系統）以及恢復能力（有氧系統），效果應會更好。此外，回合數也未必要跟比賽回合數對齊，使用比比賽還要短的訓練時間，重複比比賽還要多的回合數，可以彌補縮短回合時間以後訓練總量降低的疑慮。不過，值得附帶提及的一點是，訓練的總量有週期性，不是永遠都越多越好。

不要因此覺得「以長練短」一無是處，其實恰恰相反，無論運動時間的長短，對於耐力不足的運動員來說，以長練短反而是有效的方法。假設有一位運動員，在一個必須持續三分鐘的競技運動裡，可以忍受高強度的部分，也就是說，強度對他來說已經不是障礙，但是一旦高強度動作重複沒幾次以後，就無以爲繼，這個時候就必須做一些延長的訓練。這裡的關鍵就在於，運動者如果是根本無法跟上強度（大多數的初學者、初練者都是），那必須先搞定強度，如果強度已經不是問題，但是重複施展這個強度的「重複能力」是個問題，那就要朝向重複能力來訓練。知道了這些基本原則以後，接下來的訓練就是可以發揮想像力的領域了。

近年來的訓練心得讓我注意到一件事，就是能量系統訓練裡，要盡可能加入「有阻力的能量系統訓練」，這是因爲無論在競技運動或是日常生活中，體力不濟的時刻經常是身體在對抗外力的時刻，只有少數運動，如在平地舉辦的長跑項目，身體是在相對無阻力的情況下考驗耐力，其他大多數身體需要耐力的時候，都同時伴隨著肌力的考驗。在安全的前提下，適時在能量系統訓練裡融入阻力，更能訓練出符合實際需求的體能。

最後值得再次提醒的是，能量系統具有高度的專項特殊性，因爲一個運動表現中所使用的肌群、動作和節奏，都會影響能量系統發揮功能的方式，如果是爲了特定專項或任務進行訓練，最終仍須納入具有專項特殊性的能量系統訓練，一般性的體能訓練在專項應用上終究有其局限性。

訓練干擾效應（訓練不相容性）

訓練干擾效應是另一個值得注意的問題，當肌力與體能訓練被放在同一個訓練課程中的時候，有可能發生所謂的訓練干擾效應，或稱爲訓練不相容性。訓練不相容性相當複雜，實務上也是一個令人頭痛的問題，不過目前有些大原則可以依循，當作訓練時的參考資訊。

首先來定義一下訓練干擾效應。所謂的訓練干擾效應，指的是當兩種目的不相同的訓練放在一起時，兩種訓練產生單向或相互的干擾，使得兩種訓練未能皆獲得完整的訓練效果。當肌力訓練和能量系統訓練被放在同一個訓練課裡進行訓練時，就有機會產生訓練不相容性。

目前已知的訓練不相容性發生的原因有二：第一是總量超載，指的是當兩種或多種訓練依序或同時進行時，因爲總訓練量太大，超過了訓練者有限的「可恢復能力」，導致訓練者的身體無法恢復所有的訓練效果，只能恢復部分效果，導致多種訓練只產生了少數效果。通常在肌力訓練和心肺耐力訓練量都很大的時候，肌力訓練的效果比較容易打折扣，心肺耐力訓練比較可能產生效果。當運動員同一日需要進行肌力、爆發力、能量系統、技術和戰術訓練時，這些訓練加總起來很可能超過選手的恢復能力，導致各種訓練效果都減損，而其中通常肌力訓練類的效果最容易出現顯著的損失。

第二種可能發生訓練干擾效應的機制，是生理上的適應方向相反。例如長距離耐力的心肺訓練，會以提高能量輸送效率爲主要適應方向，如果同時進行了肌肉生長型的訓練，這些訓練會以增加肌肉量爲主要適應，此時很可能會產生適應方向相反的干擾效果。如果要以能量輸送效率爲主要適應方向，身體其實不傾向攜帶更多的肌肉量，但是如果要以增肌爲訓練目的，則勢必違反提高能量輸送效率的目的，面對這樣的目標衝突，經驗上的觀察通常是心肺訓練方面的適應會勝出，肌肉量可能會減緩增加，甚至可能會開始流失。

要知道訓練干擾效應是一個複雜的過程，所以不會因爲單一因素存在就立即發生，同時提升心肺和同時提升肌肉量的現象也並非絕無可能。訓練干擾效應是一個已知的現象，但是實際上還是要觀察訓練者的反應再來推敲，而不是拿著理論直接推論，例如在做最大肌力訓練的過程中，組間休息時不小心散步了幾分鐘，此時眞的不需擔心散步這個低強度運動吃掉了肌力訓練的效果，訓練干擾效應通常是同時在不同方向做了「很大的努力」才會發生。根據目前的經驗，當肌力訓練和較長距離的耐力訓練同時進行時，訓練的干擾效應主要是單方向，也就是說，耐力訓練的出現通常會減低肌力訓練的效果，但肌力訓練的出現不會減低耐力訓練的效果，甚至還會有提升的效果。

面對訓練不相容性這個議題，我們有什麼應對方式呢？

首先要考慮的，是訓練者的肌力水準。當肌力水準不高的情況下，建議的做法是先致力於肌力訓練，讓肌肉量和最大肌力都先提升，因爲肌力和肌肉量的提升是一個相對容易被干擾的過程，而且先讓肌力提升，有助於提升儲備力量和降低運動傷害風險。因此如果時間許可，先用幾個月的時間將肌力顯著提升之後，再考慮能量系統的問題。過程中，其實也不必擔心能量系統大幅退化，畢竟肌力的發揮仍然依賴能量系統的運作，肌力訓練雖然並未直接針對能量系統，但是至少可以達到維持健康生活所需的心肺刺激，在磷化物系統和乳酸系統等高強度能量系統方面，甚至可以說是直接的鍛鍊，所以肌力訓練可以說是最基礎的能量系統訓練。

當肌力和肌肉量都已經顯著提升之後，可以暫時減低肌力訓練的比例，或採取維持型的訓練方式，然後開始增加能量系統訓練的比例。這樣做的原因是因爲肌力和肌肉量提升之後，要維持這些訓練效果其實相對簡單，所需的付出比起提升的過程要少了許多，少量的肌力訓練就足以維持之前的成果，此時便可以致力於提升能量系統的適應。

能量系統的適應通常在短時間內會有顯著的提升，因此如果是爲了競賽做準備，其實可以從比賽日回推兩到三個月，著手進行針對比賽的能量系統訓練，一年到頭練體能的效果未必更好。比這兩到三個月的賽前準備期更早的階段，可以致力於提升各種肌力，和以健康爲目的的體能。如此階段性的操作，相較於把所有目標擠在一起訓練，能夠有較好的效果。

如果因爲某些特殊的原因，致使能量系統訓練必須跟肌力訓練同時進行，無論是爲了競技運動，還是爲了健康所需的體能，都可以盡量選擇間歇式、有阻力的能量系統訓練，同時控制所有訓練的總量，如此可以在避免干擾效應的情況下，取得最佳的效果。

總之，能量系統訓練的實際課表種類繁多，而且通常與專項運動結合，爲了專項或個人的需求，往往有個不同的調節，沒有絕對的正確或錯誤，因時制宜大概是最主要的原則。

總結

以上所有章節，是根據過去二十年的學習和教學經驗累積而成的心得，就如本書最初所說，要用一本書盡述肌力及體能訓練的全貌是個不可能的任務。個人的能力有限，僅能夠將最基本最簡單的項目收錄在本書裡，希望可以幫助想要幫助自己或他人提升肌力及體能的所有人，找到一個開始練習的方向。這絕對不是變強唯一的方法，也絕對不是提升運動表現唯一的途徑，運動科學的知識領域浩瀚無窮，我從來不是爲了強調自己是唯一正確的訓練者，也無意爭論誰的訓練方法比較好，只是覺得有那麼多好的訓練方式，如果不盡可能將其記載並且加上易懂的論述，讓更多人得到這些訓練的效益，是非常可惜的事情。這些訓練方式都不是我的發明，我僅僅是將過去的學習歷程輸出成可以傳閱的資料，讓想學習的人可以更方便學習。

不過，就像前面提到過，技藝只傳承在人身上，沒有人眞的去實踐一項技藝，則紙本的記載就只是記載。衷心希望所有想要變強的人們，除了閱讀書中的內容外，也尋找有經驗的教練學習實際的操作方式。對於有基礎或學習力強的人來說，書中許多東西可能很容易領會，但是對於完全初學或是來自不同訓練背景的訓練者來說，尋找一位有經驗的教練可能是非常必要的事。

肌力及體能訓練至今已經發展成熟，有效的訓練方式俯拾卽是，人類生活型態已經站在典範轉移的十字路口，在這個典範轉移的前夕，我們做出怎樣的選擇，對於自己和下一代的影響甚巨。人類壽命一再延長，競技運動水準一再提高，人類需要新的訓練方式和新的生活型態，才能在這史上未見的新時代獲得更多幸福和人生的意義，希望這本肌力及體能訓練手冊可以幫助推動這次的典範轉移。一本書絕對是不夠的，還有更多的知識和技術，會找機會與所有讀者一起繼續分享。

Strength & Conditioning 003

怪獸訓練肌力及體能訓練手冊

Monster Training: Strength and Conditioning Training Manual

作者　何立安
攝影　吳肇薰

堡壘文化有限公司
總編輯　簡欣彥
行銷企劃　許凱棣、曾羽彤
副總編輯　簡伯儒
封面設計　萬勝安
責任編輯　簡欣彥
內頁構成　李秀菊

出版　堡壘文化有限公司
發行　遠足文化事業股份有限公司（讀書共和國出版集團）
地址　231新北市新店區民權路108-3號8樓
電話　02-22181417　傳真　02-22188057
Email　service@bookrep.com.tw
郵撥帳號　19504465 遠足文化事業股份有限公司
客服專線　0800-221-029
網址　http://www.bookrep.com.tw
法律顧問　華洋法律事務所　蘇文生律師
印製　呈靖彩藝有限公司
初版1刷　2022年5月
初版5刷　2024年4月
定價　新臺幣1250元
ISBN　978-626-7092-35-4
978-626-7092-37-8（Pdf）
978-626-7092-36-1（Epub）

國家圖書館出版品預行編目（CIP）資料

怪獸訓練肌力及體能訓練手冊＝Monster training：strength and conditioning training manual／何立安著. -- 初版. -- 新北市：堡壘文化有限公司出版：遠足文化事業股份有限公司發行, 2022.05
面；　公分. -- (Strength & conditioning ; 3)
ISBN 978-626-7092-35-4（平裝）
1.CST: 運動訓練　2.CST: 體能訓練　3.CST: 肌肉
528.923　　111006284